本书获广东外语外贸大学外国文学文化研究中心立项经费资助
属"外国文学文化论丛"系列成果之一

Aduonuo: Yishu、Yishi Xingtai yu Yishu Lilun

阿多诺：
艺术、意识形态与艺术理论

[法]马克·杰木乃兹/著
栾　栋　关宝艳/译

外国文学文化论丛

主编　栾栋

中山大学出版社
·广州·

版权所有　翻印必究

图书在版编目（CIP）数据

阿多诺：艺术、意识形态与艺术理论/［法］马克·杰木乃兹（Marc Jimenez）著；栾栋，关宝艳译．—广州：中山大学出版社，2018.6
（外国文学文化论丛/栾栋主编）
ISBN 978 - 7 - 306 - 06326 - 7

Ⅰ.①阿…　Ⅱ.①马…②栾…③关…　Ⅲ.①阿多诺（Adorno，Theodor Wiesengrund 1903—1969）—艺术理论　Ⅳ.①B516.59

中国版本图书馆 CIP 数据核字（2018）第 069500 号

出 版 人：	王天琪
策划编辑：	吕肖剑
责任编辑：	周明恩
封面设计：	林绵华
责任校对：	王　璞
责任技编：	何雅涛
出版发行：	中山大学出版社
电　　话：	编辑部 020 - 84111946，84113349，84111997，84110779
	发行部 020 - 84111998，84111981，84111160
地　　址：	广州市新港西路 135 号
邮　　编：	510275　传　真：020 - 84036565
网　　址：	http://www.zsup.com.cn　E-mail：zdcbs@mail.sysu.edu.cn
印 刷 者：	佛山市浩文彩色印刷有限公司
规　　格：	787mm×1092mm　1/16　10.25 印张　165 千字
版次印次：	2018 年 6 月第 1 版　2018 年 6 月第 1 次印刷
定　　价：	38.00 元

如发现本书因印装质量影响阅读，请与出版社发行部联系调换

"外国文学文化论丛" 序

广东外语外贸大学外国文学文化研究中心成立已有12个年头。作为广东省文科基地，该中心为广东外语外贸大学这所专业型和实用性特征突出的学校增添了几分人文气质，使广东省这个改革开放的"前沿码头"多了些了解他山之石的深度。今天，我们推出"外国文学文化论丛"，就是想对本中心研究的状况和相关成果做一个集结，也是为了把我们的工作向广东的父老乡亲做一个汇报。

"外国文学文化"是一个庞大的范围。任何一个同类研究机构，充其量只能箪食瓢饮，循序渐进。我们的做法是审时度势，不断进行学术聚焦，或曰战略整合。具体而言，面对"外国文学文化"这个极其宽泛的研究对象，我们用12年时间完成了内涵、外延、布局、人员、选题、服务学校和社会等方面的核心建构。

其一，12年的艰苦努力，基地真正地完成了对广东外语外贸大学重要外语种类文学文化研究实力的宏观联合。经过这些年的精心组织和努力集结，英、法、德、日、俄、泰、越等国别文学及其相关研究初具规模，跨文化的择要探索、次第展开，突破比较研究局限的熔铸性创制有序进行。从总体上看，虽然说各语种实力仍然参差不齐，但是几个重要的语种及其交叉研究，都有了可以独当一面的人才，有了相对紧凑的协作活动，优选组合的科研局面日臻成熟。

其二，基础研究和个案研究、单面进取与多向吸纳的交叉研究态势业已形成。长期以来，广东外语外贸大学的外语师资在科研方面比较分散，语各一种，人各一隅，教学与科研大都是单面作业，几十年一条"窄行道"，一辈子一个"小胡同"，邻窗书声相闻，多年不相往来。近几年基地积极推荐选题，从战略上引导，在战术上指点，通过活动来整合资源，基础研究与个案研究的结合颇有成效，单向研究的局限有所突破，交叉研究的方法也有较大面积的推广。这个进步将会对学校的师资建设产生积极而深远的影响。

其三，领军人才和高端人才的培养在有重点地推进。在当今中国，高教发展迅速，不缺教书匠，缺少的是高水平的教师，尤其缺乏大气磅礴的将帅之才。自古以来，有些知识分子以灵气或知识自傲，文人相轻，是己非人，一偏之才易得，淹博之人寥寥，而可以贯通群科的品学兼优之才更是凤毛麟角。我们这些年在发掘和培养科研人才方面，花了不少心血。外国文学文化研究中心以人文学为集结号，在本校相关专业的教师当中培养了一批师资力量。让我们感到欣慰的是，最近几年基地持续多年的创新学术导向渐入佳境，熔铸性的科研蔚成风气，专兼职人员知识结构的改造成为本中心的自觉行动，科研人才的成长形势喜人。随着学校支持力度的加大，陆续有高端人才引进，他们的加盟对基地来讲，是具有战略意义的人才布局。

其四，科研有了质量兼美的提升。从2011年到2013年，"人文学丛书"第3辑15种著作全部付梓。截至目前，1、2、3辑共35种著作，加上丛书外著作5种，总计达40种著述（不包括2011年之前基地已经出版的10多种"人文学丛书"外著作），成建制地推向学界，产生了积极的学术影响。在基地的专兼职研究人员中，有些学者善于争课题、做课题；有些学者精于求学问、搞创新。我们对这两种学者的特长都予以支持。相比较而言，前者之功，在于服务政策，应国家和社会所急需；后者之德，在于积学储宝，充实学林，厚道人文，是高校、民族和国家的基础建设。从学术史和高教发展史来看，两个方面都有其贡献，后者的建树尤为艰难。埋头治学者不易，因为必须淡泊名利，宁静致远。然而，不论是对于一所高校、一个民族、一个国家，还是对全人类，做厚重的学问是固本培元的事情。有鉴于此，基地正在物色人选，酝酿专题，力求打造拳头产品，做一些可以传之久远的著述。

其五，将战略性选题和焦点性课题统筹安排。诸如，以"人文学研究"（即克服中外高校学科变革难题）为龙头，以"文学通化研究"为核心，以"美学变革研究"为情致，以"外国文论翻译研究"为舟楫，以"人文思潮探讨"为抓手,以"重要人物研究"为棋子,推出了一系列比较厚重的研究成果,如人文学原理、文学通化、感性学、文学他化、存在主义、女性主义、后现代主义、新小说、副文学现象、日本汉诗、莫里哀、波德莱尔、艾略特、柏格森、阿多诺、海德格尔、勒维纳斯、海明威、萨特、古埃尼亚斯、本居宣长、厨川白村、川端康成、大江健三郎、村上春树、米兰·昆德拉、伊里加蕾、鲍德里亚、麦克·布克鲁、雅克·敦德、德尼斯·于斯曼、勒克莱齐奥、哈维等,一盘好棋渐入佳境。

其六,全力配合学校的总体规划。本基地为学校的传统特长——外国文学文化研究增砖添瓦,为学校学科建设的短板——文史哲学科弱项补偏救急,为学校"协同攻关"和"走出去"身先士卒。事实上,基地的上述工作,早就开始"协同攻关"。试想,把这么多语种的文学文化研究集于一体,冶为一炉,交叉之,契合之,熔铸之,应该说就是"协同攻关"。"人文学中心建设"也是一种贯通群科的"协同攻关"。比较文化博士点的复合型人才培养,同样是一种"协同攻关"。我们做的是默默无闻的工作,基地的专兼职研究人员甘愿做深基础、内结构和不显山露水的长远性工作,我们为之感到高兴。笔者一贯用"静悄悄,沉甸甸,乐陶陶"勉励自己,也以之勉励各位同事。能够默默地奉献,那是一种福分。在"走出去"方面,我们也下了相当大的功夫,仅2013—2014年,基地就有5名教授分赴法、德、俄、美等国访问与讲学。这些活动的反响都很积极。对方国家的高层学者,直接把赞扬的评价反馈给我国教育部、汉办等领导部门。我们努力响应国家和学校的号召,认认真真地"走出去",这在今后的工作中还会有进一步的体现。

以上几个方面的工作,在"外国文学文化论丛"中都有聚焦性的著作推出。还有一些方面,比如外国语言文学如何固本培元的问题,外国语言文学选择什么提升点的问题,"人文学"的后续发展问题,诸如此类,都是今后基地科研工作的关注点。这些方面也会在"外国文学文化论丛"中陆续有所体现。序,是个开端。此序,也是12年来基地工作的一个小结。

栾 栋
2015年4月19日
于白云山麓

谨以本书献给奥利维耶·莱芜·达隆

——马克·杰木乃兹

如果将记忆与日积月累的痛苦割裂开来,那么作为历史书写的艺术会变成什么呢?

——T. W. -Adorno

目录 Contents

前　言 ………………………………………………………………… 1

关于阿多诺 …………………………………………………………… 1
 第一节　生平和著作简介 ………………………………………… 2
 第二节　阿多诺及其批判理论 …………………………………… 5
 第三节　从批判理论到艺术理论 ………………………………… 11

第一章　阿多诺提问法和研究方法引论
    ——《新音乐哲学》与艺术理论 ………………………… 15
 第一节　悖论初探 ………………………………………………… 17
 第二节　表现主义的矛盾 ………………………………………… 21
 第三节　十二音体系阶段：失败的原因 ………………………… 25
 第四节　小　结 …………………………………………………… 33

第二章　审美理论 …………………………………………………… 35
 第一节　关于艺术理论思考的起因 ……………………………… 36
    对意识形态的超越 ………………………………………… 38

　　　　对"反理论"的赞同 ·· 40
　　第二节　作为和解企图的艺术品 ·· 41
　　　　对黑格尔"艺术死亡"论的批判 ·· 41
　　　　反对颓废说 ·· 42
　　　　艺术作品与和解 ·· 43
　　第三节　对精神分析学及其后果的批判 ···································· 45
　　　　精神分析学和意识形态 ·· 45
　　　　艺术享受和异化 ·· 49

第三章　艺术作品和行政化 ·· 51
　　第一节　文化工业 ·· 52
　　第二节　艺术的反审美化 ·· 53
　　第三节　艺术家和生产力 ·· 55
　　第四节　生产力 ·· 59
　　第五节　"激进的艺术"和技术 ·· 61

第四章　面对一体化的现代派艺术 ·· 67
　　第一节　现代主义的模糊性 ·· 68
　　　　现代派艺术的否定性及其不可抗拒的特点 ······························ 68
　　　　冲击和经验 ·· 70
　　第二节　艺术作品和时间 ·· 71
　　　　瞬息即逝和延续性 ·· 71
　　　　艺术，改造社会的代表 ·· 72
　　　　时间的摧残 ·· 73
　　第三节　意识形态语言与一体化 ·· 75
　　　　天才论批判 ·· 75
　　　　灵感与劳动 ·· 76
　　　　艺术家与社会主体 ·· 77
　　　　语言与一体化 ·· 78

第五章　一体化的机制和解放意图的失败 …… 79
第一节　美学理性和工艺学理性 …… 80
　　艺术和乌托邦的可能性 …… 80
　　对抗性内容的吸收 …… 82
第二节　形式与内容 …… 84
　　形式与技巧 …… 84
　　批判的因素：形式和作品的论战性语言 …… 85
　　内容、材料、主题之间的关系：意向和含义 …… 87
　　含义的否定 …… 88
第三节　对一种革命内容的幻想 …… 89
　　艺术的批判意义 …… 89
　　现实主义表现方法批判 …… 90
　　对意识形态的揭露及其含糊性 …… 91
　　专制意识与压迫 …… 93

第六章　艺术的艰难处境 …… 97
第一节　艺术的持久性 …… 98
　　商品特点 …… 98
　　表现力与艺术概念 …… 99
第二节　难点、净化效果、介入 …… 101
　　实践与介入 …… 104
第三节　艺术与放弃 …… 105
　　现实主义的欺骗性 …… 107
第四节　反"艺术死亡"论 …… 109
　　生产力的作用 …… 109
　　反抗的不可能性 …… 111
第五节　形式主义 …… 112
　　形式与各种社会对抗 …… 112
　　形式解放的意图 …… 113
　　可实现的可能性 …… 114

第六节　美学思考的局限性……………………………………116
　　　　一种艺术理论的不足之处………………………………117

第七章　对艺术作品的重新审视………………………………121
　　第一节　真实的内容……………………………………………122
　　　　拟态和成形之物的对照：谜语特点………………………122
　　　　技巧分析……………………………………………………124
　　第二节　结构和意识形态………………………………………125
　　　　解　构………………………………………………………127
　　　　否　定………………………………………………………129
　　第三节　否定的希望……………………………………………131

小　结……………………………………………………………133

阿多诺审美术语简释……………………………………………134

参考书目…………………………………………………………139

译后语……………………………………………………………144

前　言

我们把研究的重点放在《审美理论》一书上。这是阿多诺最后的著作，也是在他去世后不久才出版的一部著作。这些手稿的各段落，是由他的妻子在德国出版商苏尔康的协助下整理的。我们有幸能翻译此书，并能在我们的研究过程中与这位哲学家（有时是复杂的思想家）保持经常的接触。法语译本将在近几个月内出版，对于想知道我们的工作方式的人来说，我们觉得有必要指出这部著作的某些特点。

阿多诺于 1969 年 8 月逝世，他遗留下的这部著作就像一系列未完成的断章残篇。书的最终整理要求最后一次加工，这是作者本来准备在 1970 年完成的工作，加工可能是在形式方面而不是在内容方面，因为阿多诺在去世前不久还声明，"所有在那里的东西本身都包含在其中"。不过，整理工作还是遇到过重大变化。两篇至今未翻译的文章《第一引论》和《轶事琐谈》（Frühe Einleitung et Paralipomena）本应收进《审美理论》一书中，而且并不会因此改变整篇文章的片段式的特点。

片段式的特点在这里可以从两种意义上理解：一方面，全书由许多很短的段落构成，每段长度很少超过德国印张的两页或三页；另一方面，人们可以这样想，《审美理论》本身就是许多片段，即使是阿多诺本人，也不知能否用传统意义上的结尾来完成这部著作。其实，对于阿多诺的思想来说，没有比那种认为通过集中于本身的严谨的结构形式，就马上可辨认出清楚的封闭体系的观点更格格不入的了。《审美理论》一书就像它所提到的那些艺术作品一样，是一个解放真实内容的片段式的散状形体，更何况这种片段式的特点正如出版商在原版后记中指出的那样，"不等一部作品完全实现其形式的规律，就被死亡所控制"。而作品仅仅是想实现形式的规律吗？很难这么讲。阿多诺所采用的"非体系化的"表达方式与思想内容本身就内在地连在一起。它在客观上受制于这样的考虑，即绝不用一种预定的结构违背属于思想本质的东西："美学的统一，是它所维持的分散成分的自然综合，而这种维持就像它们处在分歧和矛盾的状态一样：因此，美学的统一性就是真实性的表现。"

他用于分析艺术作品的方式，对他的著作也同样适用。阿多诺本人充分意识到，要在辩证表达方式和已展现出的观点的本质之间建立一种确切的关系是有困难的。他在逝世前曾写道："有趣的是在我工作的过程中，从思想内容开始，影响形式的一些后果显得很重要。虽然这是一些期待已久的后果，但是仍然使我感到惊讶。这里涉及一个简单的事实，即从我立论的时候起，根本就没有哲学上的'第一'。因此不可能按照习惯的发展建立一种论证关系，但是应该用一种向心的方法，将那些可以说是具有同一比重的、按比例排列的各种成分重新组成一个整体。这一观点得自满天星座的想法，而不是出于'连续性'的考虑。"阿多诺在他的另一封信中说得更加明确：表达的困难"主要在于，几乎是必不可少的先后连续在这里显得不可并存，而且按传统意义的布局，比如我在《否定性辩证法》中和至今一直所进行的那种做法是不能实现的。本书只能用一种向心的方法，将平衡的、非体系的各部分像满天星座那样的策略，围绕着所要表达的中心观点组织起来"。

这种"非体系"的表达法，很可能加大了这部著作适应他的总体计划的难度，这些情况说明：《审美理论》一书似乎尽量避免它在艺术作品中经常揭露的那种肯定的、果断的表达法。包括在著作中的各种论点，首先是一种揭露，表明从没有陷进给一个不具备解决办法的问题提供解决办法的错误中去。于是，疑难出现在理论著作的计划中。哲学思想以它在一个理论著作中的存在，证实它不可能放弃解决疑难问题的意图。

所以，理解作品的困难是多方面的。无论如何我们绝不主张在阿多诺不愿意作结论的地方下结论。我们只是试图将这位哲学家的思想按其趋向引申到这样一点：即趋于对当代世界中作品和社会关系方面的马克思主义类型的思考。

在作者的计划中，撰写关于美学的理论著作的念头萌发得较迟。但是，一旦思路清楚后，他就迅速而热烈地投入工作。这说明他的哲学思考已达到何等成熟的地步。1950年,他从美国回来后,在法兰克福大学重新找到了他在17年前不得不放弃的社会学和哲学教授的席位。如果说不可能准确地确定阿多诺第一次构思一本美学著作的具体时间的话,那么,某些日期毕竟表明了作者思路进展的里程:1950年夏天,他给大学开设一门美学课。在之后几年,某些纯美学的关注经常出现在教学进程中。1959年,他的朋友,出版商苏尔康在他去世前表示,希望看到其美学著作的出版。

当阿多诺在1967年和1968年重新讲授美学课程的时候,《审美理论》一书大部分已经完稿。他在1968年1月24日写道:"我已经结束了美学著作的初稿。"这仅仅是一部有待修改的初稿。但是,他的修改工作常常被其他附带的活动打断,如社会学研究,尤其是德国第16次社会学会议中的开场演说,即关于阿尔班·贝格的专题论著,更不用说与学生抵抗运动的诸多争论。只是到1968年,他才对该书的结构作了重大改动:舍弃章节划分(他曾这样划分过一次),代之以连续的、密集的文本。这项工作结束于1969年3月5日,他对一些不太满意的段落作了修改。最后一次注解是在1969年的6月16日完成的。他曾打算还要在1970年对整个文本作最后一次加工润色。

他的这部书可能想献给萨米尔·贝克特。

 关于阿多诺

第一节　生平和著作简介

阿多诺（Theodor Wiesengrund-Adorno）[①]，1903 年出生于美因河畔的法兰克福。他的父亲是一个富裕而且有教养的酒水批发商。他的母亲原籍科西嘉岛，是一位闻名当时的歌唱家。阿多诺在年轻时，受其姨妈阿佳特·阿多诺（Agathe Adorno，1938 年去世）影响甚深，从她那里所获教益可谓举足轻重。阿佳特本人是一位音乐家，阿多诺常说他的姨妈就像他的第二母亲。阿佳特生活在家庭圈子里，对阿多诺音乐才能的充分发展有着决定性的贡献。

1923 年，阿多诺在法兰克福大学作了关于胡塞尔的博士论文答辩。次年他决定去维也纳，准备用一年的时间，向阿尔班·贝格学习作曲，并向斯图尔曼学习钢琴。在维也纳逗留期间，他专心致志地研究当代音乐问题。他当时发表的文章便是明证：《贝拉·巴多克》（1922 年发表在法兰克福的《新文艺》杂志上），《理查·施特劳斯六十诞辰》（1924 年发表在《音乐》杂志上），《贝拉·巴多克的舞蹈组曲》（1925 年发表在《节奏与节拍》杂志上），《阿尔班·贝格——〈沃柴格〉（Wozzeck）音乐作品的首场演奏》（1925 年发表在《先锋派音乐》杂志上），《法兰克福的当代音乐》（1925 年发表在《音乐》杂志上）等。

阿多诺本人也没有耽误音乐创作。他根据乔治·塔克尔、卡夫卡和布莱希特的诗或作品作曲（特别值得一提的是一部四重奏、两部四重奏乐谱和一部三重奏）。他还想写一本歌剧，但由于瓦尔特·本杰明认为剧本太平庸，劝他放弃了这一念头。直至 1930 年，他的注意力主要还是放在音乐上。

[①] 阿多诺（Adorno）是他母亲的名字。1938 年，他移居美国，"Wiesengrund" 无法用英语发音，他才决定将母亲的名字与他的姓氏结合在一起。其实，从 1921 年开始，他出版的一些作品已经用 Wiesengrund - Adorno 署名了。

1921年，阿多诺结识了在法兰克福大学学习的麦克斯·霍克海默。霍克海默早在1919年就进入了法兰克福大学，于1922年完成了博士论文答辩，1925年正式在该大学任教。此时，他想与弗里德里希·勃洛克一起在大学中创办一个研究所。他们想以该机构为中心，探讨与现代社会有关社会经济、政治、心理学方面的问题，尤其是着手对当代哲学学说进行探讨。1924年，他们的计划付诸实施，创建了社会研究所①。霍克海默于1931年成为该所领导人，就在这一天，他还同时获得该大学社会哲学讲座主讲人的职务。在国家社会主义政权到来前不久，勃洛克和霍克海默估计纳粹势力的压迫会比预料的要长。1933年，他们在日内瓦创办了研究分所，"之后又将该机构迁到巴黎高等师范学院，最后由这里迁往纽约"。阿多诺在是否跟随朋友迁移的问题上犹豫不决。他认为，可以组织抵抗"日益上升的野蛮行为"。但面对着日益严重的镇压犹太人的暴行（他本人也是犹太人，因他的父亲是犹太人），他觉得最好还是移居英国的奥克斯福，并准备在那里作英文的博士论文。由于霍克海默的再三要求，他才于1938年年初前往美国。仅仅是从那时开始，他才卓有成效地在哥伦比亚大学重新组建的社会研究所里开始工作。

他们主要研究专横性格的结构、专横性格的社会功能及其对当代年轻人的影响。霍克海默在法兰克福大学成立研究所时，创办了《社会研究》杂志。1939年，该杂志以《哲学和社会科学研究》的名称在纽约重新出刊。令人奇怪的是，从1940年到1947年，阿多诺在这段时间除了几篇关于爵士音乐、无线电节目和群众传播工具及其文化作用的小册子外，其著述与前几年相比一点也不多产。其实，这段时间阿多诺在集中精力撰写与霍克海默合作的第一部主要著作：《启蒙辩证法：哲学断片》（Dialektik der Aufklärung：Philosophische Fragmente，1947年在阿姆斯特丹的凯利多出版社出了第一版）。此外，他还对庞大的文献进行了补充，使他能够在1950年出版关于专横性格的不朽论著。该书的英文版收藏在法兰克福社会研究所，德文译

---

① 社会研究所第一任所长是卡尔·格林贝格。1924年6月22日，他在法兰克福大学作了社会研究所建立的开幕式演讲。1931年1月24日，霍克海默作为社会哲学讲座主持人和新任领导发表了就职演讲，题目为"社会哲学的现状和社会研究所的任务"。霍克海默在讲话中说明，哲学或者说慰藉怎样能够为和解和改变现实面貌服务。他用的是黑格尔的术语。一种社会哲学的必然性是从个体主义和个人幸福的进步与现实处境的矛盾中得出来的。

本未出版。

阿多诺和霍克海默于1949年返回德国，并重新成立了一个充满新活力的研究所。阿多诺个人的著作丰盛，主题多种多样。尽管如此，在工业和现实的官僚社会中，文化和科层统治的关系日益严峻，促使他表达的行动准则还是清楚地显露出来了。他的态度明确，有时甚至是在尖刻地论战，如：《德国文化复兴》《衰落期之后的斯宾格尔》《道德的最低限度》《文化批判和社会》（1951年）、《论精神分析学和社会理论的关系》（1952年）、《三棱镜：文化批判和社会》（1955年）。此外，阿多诺还出版了本杰明的作品，为人们了解该作者做出了贡献。阿多诺的大部分思考的题材都得益于本杰明。

从1956年起，阿多诺的教学工作介入了震动当代社会的纠纷之中。他通过联邦德国的广播和报刊，大量地发表文章。他相继推出了《行政化社会的不协和和音》（1956年）、《论文学》第一卷（1958年）、《音的形象》、《音乐论文集》第一卷（1959年）、《论文学》第二卷（1961年）、《真实性的隐语》、《关于德意志意识形态》（1964年）、《论文学》第三卷（1965年）、《否定性辩证法》（1966年）、《没有模特儿——小美学》（1967年）。

在1968年至1969年间，阿多诺——我们将看到在什么背景下——和大学生的反抗运动紧紧地纠缠在一起。在他的学生的再三要求和多次考验下，他尽量参加与当时事件有关的讨论会或者讲座。同时，他继续发表他的重要研究成果，尤其是《贝格——微信息大师》《音乐评论近作》（第二组）、《关于批评模式的驳论》以及那本令人惋惜的未完成的遗作《审美理论》。1969年8月16日，他因心肌梗死逝世于泽马特，那里是他在假期最喜欢居住的地方。

1970年，阿多诺的夫人克莱德尔和他的学生、助手和朋友罗尔福·提德曼，在苏尔康出版社出版了他的遗作：《审美理论》《社会理论和方法论》《关于成熟性的教育》和《瓦尔特·本杰明》。以上著作都编入了二十卷本的阿多诺全集中。

第二节　阿多诺及其批判理论

1969年，阿多诺在他去世前不久的一部著作中这样写道："近来人们责备我们这些今天被称为法兰克福学派的代表屈服了。我们也许设计了一些旨在建立一种社会批判理论的材料，但是我们从没能够从中得到实践的结果。我们既没有提出活动纲领，也没有支持那些自认为受批判理论激励的人们的行动。"阿多诺揭露了一些革命组织的所谓"活动"，可以说他试图为受诽谤的批判理论恢复名誉。"被思考过的东西会被窒息、被遗忘、被冲淡。但是，不可能回避某种东西还存在的事实，因为思想具有一种普遍性的因素。曾经被深刻地思考过的东西将来必然在其他地方，由另一个人再思考，伴随这一确切性的是最孤独最有力的思想。"①

对一部著作有流传可能的信心，更增强了他关于理智的作用既不是给行动下指示，也不是为了促进从理论向实践过渡的信念。阿多诺在《关于口号》②一文中说，即使马克思也没有在剩余价值理论中解释怎样革命，"理论与实践相统一的教条不是辩证的，与它参照的学说背道而驰"。他还讲道："实践是理论的能源，它受理论的劝诫。"在这方面，阿多诺的态度很透彻地表现了一个幻想能超越激烈论战的思想家的软弱。遗憾的是，当他真的超脱了激烈的论战时，他的著作也被带出了圈外。

因此，阿多诺感觉到，有必要澄清一下也许是自主和自由的最后堡垒的屈从问题。这是毫不奇怪的，其激进的批判理论的归宿，正在于这一堡垒。在《否定性辩证法》的作者看来，当他所采取的立场和表面上无可非

---

① 《回忆阿多诺》，苏尔康出版社1971年版，第9页。
② 在《关于口号》一文末尾，阿多诺还有如下的论述："在近十年，《关于权威和家庭的研究》，《专制个性》，关于很多宰治性理论的奇特性研究，以及《启蒙辩证法》，都不是为实践意向而写的，然而它们却起到了实践的效果。"

议的沉默即使不被人看作背叛，至少常常被解释为极其可疑的模棱两可时，这样的一次澄清显得非常重要。如果没有背叛，模棱两可则是真实的。这种模棱两可，更进一步加深了误解。我们认为不必宽恕阿多诺的个人行为，但有必要明确，究竟哪些地方他真正该受指责。

1968年至1969年初，阿多诺发现，前几个月还在法兰克福哲学研究所听他讲课连眉头也不皱的人，现在都起来反对他。老师成为宗派活动的无辜受害者。那些对此幸灾乐祸的反动右派，很满意这种和共产主义左派的看法不无相似之处的解释。共产主义左派让人们相信阿多诺背叛了自己的理论。说到底，他们认为阿多诺言行不一。当然，当时有这样一些传单："阿多诺作为一种体系已经死了。"有一些关于"长毛"的漫画和嘲笑，还有女大学生裸胸露背闯入课堂的事情。尤其是在1969年1月31日的星期五，警察出动，驱赶占据哈伯玛斯领导的研究所某些场所的学生。在前一周，社会科学研究所所长和大学校长吕德佛格·冯·弗里德堡就打算在学生游行时诉诸武力。早在几星期前召开的一次旨在确定再发生类似事件时采取何种态度的教师会议上，阿多诺明确地表示不同意警察干预。

就在那次会议上，采取镇压措施的决定已由"高层"拍板定案。倒霉的是阿多诺与命令学生离开场地的警官握了手！这些照片都在那里……对阿多诺的谴责是无可挽回的……简单而不辩证的思想，喜欢相信那些无可怀疑的具体因素和细节！这种思想置矛盾于不顾，在错误的"善意"上泰然处之，使得一些人将普通的礼节指责为"背叛"，使得另一些人为资产阶级礼仪的复辟而拍手称快。

假如将解释集中在一起，在"阿多诺的思想"与左派学生之间的冲突中不难看到一种弑父行为，由此还摧毁了二者之间很明显具有共同点的意图。人们喜欢强调这样的事实，即阿多诺从来不曾在大学生运动、知识分子运动中看到一种改造社会的真正力量，他拒绝零碎的活动主义，是建立在革命行动自相矛盾的这一基本观点上，因为，这是失望的表现，而不是希望的表现，这样做只会促使对方更加过火的镇压。

这样一来，人们忘记了或者说有意不想再知道对行动主义持批评态度的阿多诺与反抗运动之间引起纠纷的误会。阿多诺的批评更多的是针对堕落为恐怖主义和无偿暴力，而很少是针对动摇社会基础和参与启蒙的活动。

关于阿多诺的个人行为，就像人们猛烈抨击的那样，他受到了真正的"回收"和最阴险的统治的困扰，以致在行动面前无动于衷和消极等待，这些说法都不为过。如果人们忘记了阿多诺在纳粹时期所遭受的精神创伤，他的这种伴随着法西斯泛滥的隐忧而变化的态度就肯定不会被完全理解。他反对无条件接受自发的或多或少个人主义的行动，不管这种活动是以改变社会为理想，还是以建立更加人道的未来社会为借口。他的反对态度还可以从这些在意识形态方面截然对立的口号所具有的一致性上得到解释。这些口号吵吵嚷嚷地宣扬目的、手段和简单辩证法的必要性："论据显得那么合情理。根据这一论据，野蛮的手段只会有反对野蛮的整体性的效果。无论如何，人们这样就达到了极限值。五十年前，暴力对那些向往短期改造一切的人来说还似乎合理，但是在经历了纳粹主义和斯大林主义的恐怖之后，在全面的压迫和本应改变的东西不可分解地、长时期地交织在一起的情况下……要么，人类抛弃同等报复的暴力；要么，让所谓的激进的政治实践重新掀起昔日的恐怖。"①

如果说这种暴力持续论没有对暴力本身明显的批判，至少提醒人们反对为了政治目的利用暴力：恐怖主义、集中营的残忍，说到底，就是反对过去的和未来的种族大屠杀的惨剧。

萦回脑际的主导旋律和灾难的视角，限制了辩证的思想。阿多诺的思想在这里刻板地停步了。他似乎接受一种很明显是不合理的论据：苦恼。无苦恼地生活是这种恐惧的不太确切的表达。从目前情况来看，一切又像过去一样重新开始。"整体"在其不确切的规定上来讲，标志了辩证法的空隙，批判理论寻找从理论到实践的通道时，就在这里失足了。

"批判理论"这个术语最初摘自霍克海默的一个文集的题目，现在用来表示法兰克福学派的思想整体。作为社会理论和对工业社会意识形态的批判，批判理论处在西方马克思主义的轨迹中，既是对马克思的一种解释，也是对马克思的一种批评。说它是对马克思的解释是因为法兰克福学派的代表们把马克思主义的辩证法运用于目前社会历史的现实中，并且肯定了颠覆现存结构的必要性。说它是对马克思的批评是由于以下原因：批判理

---

① 阿多诺《关于口号》，苏尔康出版社1969年版，第179页。

论认为启蒙运动的概念吸收了意识形态和技术、经济和统治,并将社会批判推到否定的极端。在这里,启蒙运动与马尔库塞的理论,与社会阶级的历史斗争所导致无产阶级胜利的启蒙思想分道扬镳,也与德国极端议会斗争派的思想大相径庭。

在这个问题上,吕西埃·戈德曼的话说得非常正确:"法兰克福学派的思想家们采取的是激进的态度,他们拒绝与现存的和变化中的任何一种社会力量保持一致,直至修改了对哲学史的评论,甚至对他们起初依傍过的思想家黑格尔、马克思也提出指责,认为他们的学说中包含着赞同现实的因素。"①

要把理论从传统的理论中如愿以偿地解放出来,其必要条件是理论从实践中的解放。传统理论只是从功利主义或实用主义,即实证主义方面去考虑工业社会与科学的关系,其目的是为所有的意识形态提供论据。如果把理论与实践的关系,含糊地降低到阿多诺和霍克海默注意力的次要位置上,这正好是批判理论揭露社会精心掩盖其功能机构假面具的重要因素。

批判理论的意图首先是"揭露"。它对混淆技术方法合理性和统治合理性的工具理性,进行了一丝不苟的批判分析。为打破社会统治,批判理论将现实存在通通纳入压迫性的理性整体的精密机制。就该理论所作的努力而言,它也展现为多样化的批判。最后,作为对实证性——即兴专家政治的社会基础和论据沆瀣一气的实证主义的批判,批判理论自认为一方面与整体理性认识的可能性相对垒,另一方面与哲学的科学思想相抗衡。

这样,基本上显出了按马尔库塞特有的方式设想的解放的前景:价值的完全蜕变和目的与需求的改造。而改变的首要条件就在于承认技术连续性的中断。阿多诺认为有可能实现的乌托邦形象,变成了与整体的虚假性相对抗的真实的标志。这种乌托邦形象与历史的联系相脱节,在启蒙运动中形成了间断性,令人奇怪的是这种形象把批判理论纳入了否定的体系,在那里否定性辩证法的最后一句话就是对辩证法的否定。否定体系,或者说反对体系的借口是很多的,指责体系完全通往死胡同,诋毁体系把辛勤的分析凝结进了水泼不进的乌托邦之中。也许马尔库塞的著作另当别论,

---

① 吕西埃·戈德曼《阿多诺之死》,《十五位文学家》1969 年第 74 期。

虽然他从未正面论及经济问题。除此之外，确实危险的是批判理论对社会关系、对资本主义制度中财富的消费、分配及生产闭口不谈。批判理论笼统地将资本主义看作虚假的东西，那么，资本主义在形而上学（也许还有伦理学）方面受到的谴责更甚于在社会和经济方面所受到的谴责。实际上，《启蒙辩证法》要求的一种"积极的批判"概念，在没有采取实际措施之前已经酝酿成熟，这一设想不包括这些实际措施。历史发展的规律和社会的对抗都退居次要地位，退居到对技术统治的社会苦涩而悲观的观察背后，在这样的社会中，唯一能采取的态度似乎就是忍气吞声。

人们懂得为什么批判理论既受到反动右派们的蔑视，又受到共产主义者们的愤怒斥责。反动右派认为阿多诺不了解目前社会，共产主义者们却怀疑批判理论是从1966年到1969年大学生不满情绪和冲突中所间接产生的一种思想①。

对于正统的德国共产主义者来说，最可取的是——他们这样做是很有利的——将这一时期连续发生的动乱原因归于资本主义制度的客观矛盾。德共的逻辑与法共在1968年的态度一样，在今天仍然有意识地尽量避免承认历史间断说，在他们眼中，历史间断说是一种过分抽象的马克思主义，其卑劣意图表现在和劳动阶级的决裂方面，而所有共产党（即便是斯大林式的）总还是和劳动阶级保持一致的。共产党人不害怕否认晚期资本主义形式的演变，不害怕把僵硬的不健康的马克思主义战略用于资本主义晚期演变形式的荒谬性。他们还洋洋自得地强调，极左派所处的是死胡同。他们在1970年还断言，对法兰克福学派寄予希望的那些人迟早将会发现，批判理论的失败造成的缺陷只能由今日觉悟的马克思主义来补充，因为这种马克思主义意识到在"当今世界上，不倒向苏联和其他的社会主义国家就不能严肃地保持社会主义立场。""尽管这些国家在发展中有许多困难，毕竟显示出了真正的社会主义力量。"②

论据随着宣传而变化，我们不愿多费唇舌。我们只是注意到正统的共产党"回收"德国新左派的企图以失败而告终。失败的原因很多，一方面，从法国极左派的分裂过程来看，可以从前社会民主党和议会极端反对派

---

① 《明镜》，1971年第12期。
② 《马克思主义照耀下的法兰克福学派》，《马克思主义论丛》，1970年法兰克福版，第123页。

(成为众多宗派）的分裂中找到原因：这些分裂至少从后果方面来说没有法国共产党分裂严重，所以德国共产党人对政府当局、批判理论和学生组织来说仍不失为举足轻重的对话者。另一方面，正统共产党人"回收"新左派企图的失败，还可以从以下对批判理论的批判中得到说明：忠于该学派基本观点的人在政治实践领域中得出与批判理论直接相同的结论时，从积极的方面批评批判理论的弱点。还有一些对批判理论持批评态度的人清楚地记得，"在1950年前和1960年初，法兰克福学派的批判理论在德国曾经是政治实践的唯一形式"。①

知识分子极左派，至少那些拒绝全部废弃批判理论教育的人们，把批判理论看作是对理论和实践关系这一虚假问题的超越。这一虚假问题正是诽谤者们用来指控批判理论无能和等待主义的工具。而这些看法是符合阿多诺关于"思考"包含着"行动"的论点的。②

知识分子极左派远没有自封为历史演变的新主体——这是他们在1968年至1969年的意图之一——他们完全意识到无产阶级代表的是一种具体的、实际的、强大的物质力量。阿多诺对某些革命组织的自发主义和个人主义进行的批评不应该造成错觉，在通常情况下，也不应作为反动右派和共产党的假证据，即使人们为他在革命暴力与法西斯式的活动主义之间所作的可争议的类比感到惋惜，即使人们意识到一种理论能在长时间内得到证实，是"真实的"却未必在政治领域中是"正确"的。因此，人们没有必要吹毛求疵。正如奥斯卡·奈格特指出过的那样，真正的问题并不是要知道无产阶级革命党派是否还有可能吸引大学知识阶层，而是要知道左派能否在革命组织内部"拥抱无产阶级和政治化知识分子左派中最有觉悟的分子"。奈格特还认为："关于这种组织是否应该是传统类型的问题完全是次要的。我认为，那种以为否定党性必然要导致无政府主义或者导致为小资产阶级革命主义的思想已经应付不了局面。"③

人们如此强烈地指责法兰克福学派，认为该学派批判一体化的形式而又逃避行动。只有粗心大意的读者才会把回避看作逃遁。粗略的阅读方式

---

① 《马克思主义照耀下的法兰克福学派》，《马克思主义论丛》，1970年法兰克福版，第123页。
② 阿多诺《否定性辩证法》，苏尔康出版社1966年版，第397页。
③ 《马克思主义照耀下的法兰克福学派》，《马克思主义论丛》，1970年法兰克福版，第123页。

忽略了作者给他们提出的答案。如果"思想"包含着"行动",彻底地揭露就是"行动",也许还是任何一种政治实践在第一阶段都不能摆脱的第一个行为,那么,阿多诺的错误也正是在这里裹足不前。

第三节 从批判理论到艺术理论

我们是从揭露社会的角度来"阅读"《审美理论》的。从根本上讲,我们很关注作者所强调的这样一些阶段:在那里,批判理论以最尖锐、最富于现实性的论点,反对社会控制对当代艺术的戕害,反对在一些人看来是为这种控制"张目"的意识形态方式。因此,审美理论是批评性的思想,同时也是哲学性的学说。在阿多诺看来,只有它才能恢复艺术存在的权利。在这方面,我们有必要指出阿多诺的怀疑主义。他认为,艺术不一定能收复这一权利:无论从哪方面来看,只有在一个解放了的社会里,艺术才能得到这一权利。关于社会解放,阿多诺的论点非常含糊,他几乎没有考虑到可能令人满意的变革社会的具体方法。虽然他不止一次谈及了变化的必要性,但从某些方面来看,他的相关论述都是从胶着于目前局势的悲观主义的观点出发的。而正是在这一点上,人们不仅对阿多诺,而且也对整个批判理论提出了种种批评。

如果说艺术是"各种社会对抗的表现",如果说目前的社会经济条件禁绝了解放的希望,不言而喻,艺术要摆脱占统治地位的意识形态的控制也成了泡影,更何况,艺术生产即使不为统治服务,至少也是统治的工具。不论人们愿意与否,在资本主义的现实生活中,虽然社会对艺术所施加的极端形式被否定了,但其强加给艺术的分工形式依然存在,也就是说,艺术仍然表现为上层建筑。

各种传统的马克思主义美学尽管形式有所不同,但是,最终总是局限于一种反映论。在目前社会结构彻底混乱乃至瘫痪的状况下,此类美学自知没有能力理解当代现实中的艺术现象。

　　阿多诺把马克思主义对后工业社会的分析用于艺术作品和艺术作品内在逻辑及其最深层结构的研究。他的这种批判的和辩证的方法使人们懂得，在历史中发生的社会冲突为什么和怎样作为有待解决的"内在问题"，记录进了作品之中。

　　因此，从艺术真正的"历史"让人们抓住艺术变化现象的时候起，单纯的揭露阶段就已经时过境迁。这样，阐明宏观分析（用于现实社会的意识形态结构的分析）与微观分析（从宏观分析转化到艺术作品的内在结构分析）的结合，就能够说明在重归和谐的世界上，艺术实践的具体基础可能是什么。它既不对昔日的作品发思古之幽情，也不囿于不惜一切地摧毁所有艺术遗产的愚顽偏见。

　　《审美理论》一书以那样一种章节形式表现出来，致使全文不是根据人们所熟悉的推理方式展开。然而在每一个主要章节的标题下面，许多段落中的任何一段都围绕着一个汇集整个思路的中心思想。最后一章："社会"放在全文末尾，这并不与文章表面上的"凌乱"相矛盾。最后一个部分是关于当代社会中艺术现状的描述，它也没有逾越行文缺乏系统性的弊病，作者的目的是为了说明，立意命篇总是围绕着行政化的世界及其给艺术的地位这些关系展开。所以，我们也努力突出这一意图，并且说明，其大旨在当今称为马克思主义美学问题领域中的现实性和局限性。

　　为此我们毅然决定抓住阿多诺思想中常常潜在的对意识形态揭露的向度，我们认为，对意识形态的揭露，长期以来一直是这位哲学家关注的主要问题之一，即使在其最后一部著作中，这种趋向仍然隐匿在对一般的艺术作品或具体作品的理论分析里面。我们的目的是在尽可能清除未完成著作本身的模糊性的同时，重新复原和阐明作者在非体系化写作后面，所掩盖的其中一根导线，即笔者这本书的副标题——"艺术、意识形态与艺术理论"。这个副标题无疑过于宽泛，但是它足以指陈我们当时确定的研究方面。

　　今天，艺术处在一个死胡同中。按照阿多诺的话说，"艺术处境困难，无论如何应当将之从过去给定的文化的、宗教的、道德的功能中解放出来"。然而，即便真有这种解脱，西方资本主义的世界科层化趋向，很快就会以其"定位眼光",为艺术在现实社会中找到一个位置。阿多诺的悲观在于艺术所无法逃遁的宿命,代价昂贵的艺术独立性,掉过头来与艺术相对立。艺术依旧会踏进商品的圈子,而且充当为宰治性意识形态服务的工具。

在技术理性统治的社会中,艺术的处境只能如此,因为在那里,一切都得按照科学探测仪器和现代传播方法所制定的文化准则,予以衡量、估价、标签、出售和就地消费。

整体性也就是虚假性,是谎言。它给人一种完善之物的完美无瑕的假象,给人造成资产阶级破坏性和舒适安逸中有这样一种圆融的假象。无论是在社会、社会结构、社会现象和社会产品中,还是在对这种禁欲活动反抗最强烈的艺术或者说艺术作品本身,这种假象都随处可见。

"反动的"艺术家的理想,就是结束他的作品,"完成"他的内在结构、用暴力驾驭于他构思的材料。而这一切,都是既不顾及历史,也不考虑生产力的解放,是对各种促使封闭性形式破裂的不同力量的损耗。

重新解放艺术的企图似乎注定要失败。革命的和反抗性的艺术常常是重复类似社会主义现实主义的过程,至少在意向中是这样。"革命艺术"这一术语本身就是矛盾的,在艺术一直代表、至今仍代表着摆脱极权机构支配,摆脱渗透在其他人类活动(如社会、政治、科学等)领域的社会主义现实主义的意向这一意义上说,则是同义迭用。艺术拒绝强制,而确切地来说,艺术家是按照他超越臻于完善结构的才能来给自己下定义的;可以说,艺术家开始之时,也是其作品结束之际。

因而,艺术"激烈地反抗"一切统治,反抗性在于它的形式,而不在于它的内容。社会主义的现实主义鼓吹调和,或者说以现实主义代替和解。美学的斯大林主义形式只是一种假面具,它掩盖着统治机器对美学生产潜在性的破坏。阿多诺多次宣称,"宁可艺术消亡,也不要社会现实主义"。艺术与世界的调和,不走左派和右派中那些想在社会中给艺术一席之地的人所主张的道路。艺术是无功利的,这只是从根本的意义上来讲的。在唯有利润和功利值钱的社会,这种艺术的激进主义恰恰是艺术的力量。

哲学批判的对象不是传统上所说的"美学"学科。概念本身以一种较古老的、过时的而且是加重过去解释的负担的方式来思考。那么,新的艺术理论首先应该是艺术作品的理论,只有对作品内在技巧作出精湛的分析,才能使那些通常摆脱了或多或少带有理想主义色彩的老生常谈的东西显露出来，比方说，真实的内容。阿多诺确切地说明，真实的内容不是"在历史之外"，"而是历史在作品中的结晶"。

如果调和世界与统治机器是根本不可能的，那么，只有艺术才是真实性的表现，它通过作品每时每刻都在证实暴力统治世界的荒谬性。所有贝克特的艺术——阿多诺只愿保留其中的否定的力量——都懂得表现这种历史的真实性。

如果批评的作用是为了说明作品的真实内容，它首先应该推翻在过去几个世纪积淀下来的，而且至今仍以不同形式残存的唯心主义解释的"杂物堆"。从某种意义上来说，用于艺术作品的哲学批评的公设，即艺术作品是一些谜。

传统的批判常常给人造成一个预先知道艺术作品是什么的印象。因为，即使传统的批判尽量不这样做，但它仍将艺术的概念还原为艺术过去所是的东西，还原为在一个优待艺术的社会中，艺术依然如此的东西，尽管该社会的优待是出于某些特定的意识形态目的。那些大叫大嚷要取消艺术的人，犯的是同样的错误，他们的指责建立在传统美学精心编织的网络上。他们在揭露传统分析和评论的虚伪性的同时，很少涉及（为什么？怎么样？和以什么名义？）取消艺术，而是企图调和艺术与世界。越是与官方文化的反革命精神作斗争，用爵士音乐取代贝多芬音乐的愿望，就越是荒谬。古典音乐是一种为资产阶级意识形态服务的工具，这是毋庸置疑的。认为取消古典音乐同时也就取消了现存意识形态和它的压力的想法，是一种天真的表现，是一种以为文化工业（人们低估了这种工业的威力）没有能力吸收和控制最先进的艺术的幻想。用于过去作品中的真正批判，应努力去说明所有作品表现出来的反对社会的固有的批判因素。

这里的问题主要不是要回到一种所谓的"纯艺术"上去，而是要透过虚假的解释的油漆，揭示作为历史记载的艺术家活动的真正特点，揭示艺术既作为对自由的可能性的回忆，又作为未来解放的许诺的真正特点。

这就是阿多诺鼓励我们去做的事情——重读艺术作品。

阿多诺提问法和研究方法引论
——《新音乐哲学》与艺术理论

如果不能确切地指出阿多诺构思审美理论计划的时间，那么，把1938年作为其论点系统化的重要日子，似乎总还是可以的。这一阶段，阿多诺把精力主要放在当代音乐问题的研究上，诸如《论瓦格纳》① 和《音乐的神化特点与听力衰退》的论文②，尽管如此，这些著述已经表露了涵括在《新音乐哲学》中的大部分论题。这些论题在后来的《审美理论》中进一步得到了充实和发展。

1938 年，阿多诺就音乐的变化和功能发出呼吁。他建议"阐明当前音乐作用的变化，指出类似音乐在大量的商业化生产中经受的内在变革，表明在标准化的社会中一些人类学的变化是怎样一直延伸到听力结构中去的"。③

关于勋伯格的著作，仅仅在三年之后就写成了。这部著作可以说从作曲和作曲的技法的角度填补了一项空白。在战后，阿多诺给他的第一篇论文补充了关于斯特拉文斯基的研究，用他的话说，是"因为有必要将研究的方法用在特殊学派的研究之外"。他的此项研究，也是出于拓展音乐研究论域的考虑，即"有必要对与维也纳学派截然相反的斯特拉文斯基的技法进行分析。这不仅仅是因为斯特拉文斯基的技法在公众舆论中享有威望……更重要的是为了取消一种轻易摆脱困境的方法。这种脱身之计认为，如果音乐的逻辑进步走向二律背反，对过去的复现也许会改变某种东西"。④事实上，引入对斯特拉文斯基的研究虽然丝毫没有改变向来所追随的方法，但是毕竟扩大了起初的提问法，而且涉及一个阿多诺在后来提到的问题，即艺术与世界的关系及二者之间调和的可能性。目前的灾难和对未来动乱的展望，不会不在艺术领域发生作用。⑤ 艺术作品在它的语言结构、"风

---

① 阿多诺《论瓦格纳》，写于 1936 年春至 1937 年秋。（Essai sur Wagner. Paris, Gallimard, 1966, traduction：Hans Hildenbrandt et Alex Lindenberg. 本书后面所引《论瓦格纳》，只注明中文译名和页码。——译者注。）阿多诺写作此书，与霍克海默 1936 年发表的《自私自利和自由的运动》《资产阶级时代的人类学》等文章有关。
② 阿多诺《新音乐哲学》，1962 年版，第 7 页。（Adorno：Philosophie de la nouvelle musique, Paris, Gallimard, 1962, Traduction：Hans Hildenbrandt et Alex Lindenber, P. 7. 本书后面所引《新音乐哲学》，只注明中文译名和页码。引文均出自本书作者所引法文译著。）
③ 阿多诺《新音乐哲学》，1962 年版，第 7 页。
④ 阿多诺《新音乐哲学》，1962 年版，第 8 页。
⑤ 阿多诺与法兰克福学派的大部分社会学家和哲学家相同，尤其是与本杰明一样，经历了不可避免的战争苦难。

格"、素材、创作手法等方面不可避免地证实了对经验现实的改造。认为美学领域不受外界影响是错误的,认为艺术创作摆脱了物化、摆脱了文化工业的破坏和意识形态的统治也是错误的。

  在音乐领域,人们通过权威的筛选,竭力使我们相信某些艺术形式比其他形式更可接受,贝多芬的音乐要比勋伯格的音乐更可听,斯特拉文斯基的音乐要比十二音体系的意图更能满足听众的要求。而阿多诺寻思这种"控制"是否缺乏"客观"的原因。在这种情况下,是否不需要寻找音乐作曲技术中的"客观"原因,是否艺术以揭露二律背反的特点为借口,不必一定把矛盾达到顶峰。我们不是要根据《审美理论》的启示,在阅读《新音乐哲学》时得到某些要点,并对阿多诺一批到底。作者对于勋伯格和斯特拉文斯基的态度自1948年(即撰写"前言"的日子)以来已有一些变化。当然,将这一天作为研究阿多诺音乐美学决定性的日子似乎是荒唐的。纵观《三棱镜:文化批判和社会》和关于贝格的研究[1]等后来的著作,阿多诺再也不把勋伯格的探索看作一种"失败"。

  本书首先想阐明阿多诺在美学理论研究之后很长一段时间才确定的计划,并说明他在这一阶段想要追随的辩证的和批判的方法。

第一节 悖论初探

  阿多诺为什么要在一种预先排除个性概念的艺术理论中,选择勋伯格[2]和斯特拉文斯基[3]?合情合理的解释可从阿多诺对音乐差异趋向的抉择中见出端倪。首先,他们二人是两个极端:一个是进步,另一个是复辟,他们两位以各自不可调和的姿态超然于"风格之外"。进一步讲,"勋伯格或斯

---

[1] 阿多诺《三棱镜:文化批判与社会》,1963年版。
[2] 1874—1951年。
[3] 1882—1971年。

特拉文斯基的音乐是否真实，不可通过无调性、十二音体系技术、新古典主义等范畴的研究来下定义"，但是可以通过作品的某种非常内在的东西——"凝结在音乐应用音域中的这样一些范畴"来下定义。①

音乐对传统主义的反抗与其他被"文化工业"长期或短期归并的艺术领域本来会有同样的后果。可是，阿多诺恰恰觉察到，他的音乐不久就有了反向动态。当他在第一批创作中表现出与过去决裂开来时，音乐与文化背景已格格不入。瓦格纳式过渡已不足以保证新与旧之间的通道。

阿多诺的计划是显而易见的。人们会奇怪地发现，从表面来看，阿多诺不讲作为作曲家的勋伯格和斯特拉文斯基，而是在谈论音乐，或者确切些说，在谈论音乐作品，但同时又在努力捕捉他们是"怎样"构思的。他是想尽可能彻底地消除会毁坏辩证方法的客观性的心理学的干预或干扰。于是，他致力于彻底改变作家—作品关系的工作。在这一点上，阿多诺要比在《论瓦格纳》一书中表现得更为明显。在《论瓦格纳》中，阿多诺对作曲家的法西斯特点的谴责，是源于多少有些含糊的先验知识。实际上，只有明了阿多诺对瓦格纳作品十分"迷人"的态度，才能理解他为什么要废弃这种音乐。如果人们认识到音乐家仇视犹太人的倾向，知道他当时的情况，理解为什么瓦格纳不能作一部不表现他气质的乐章，那么毋庸置疑，逃避瓦格纳的迷惑和桎梏就成为很容易的事情了。

《论瓦格纳》的第一个章节，论述的是劳亨格森②的作者流露的对犹太人的仇恨。该章节实际上是整篇文章的结论。"社会性"这一术语不应再给人造成错觉。这里的问题正好是这个术语的心理学意义上的特征。其中存在的问题是："他的作品向他的人品借来的词汇，都刻在他反动而险恶的魔术圈中。"（《论瓦格纳》，第29页）

相反，在《新音乐哲学》中，他更加彻底地排除了心理学的因素，而且用作品与社会、作品与历史、作曲的内在机制——社会结构、音乐材料——技术的演变代替了艺术家与作品的准线型关系。

《论瓦格纳》寻找的是同一性。《新音乐哲学》则尽量暴露矛盾，置身于悖论标志之下：表现派摆脱表面性的意图与恢复装饰音之间的悖论，勋

---

① 阿多诺《新音乐哲学》，1962年版，第14页。
② 瓦格纳一部歌剧中所塑造的人物。

伯格对不协和音程的解放与十二音体系创建之间的悖论，古典的调性功能的保留与十二音体系精确性的悖论，斯特拉文斯基求新的愿望与退回旧形式之间的悖论。最后，在更广的范围来说，还有音乐本来（或应该）是什么和它实际上变成了什么之间的悖论。因此，"激进"音乐在外表上来看也是自相矛盾的，该音乐在摆脱商品化的同时，也脱离听众，在技术手段使它大量传播的时期，反而使人对它越来越反感。唯独它不知道这一距离的"缩短"，而人们观察到了距离缩短在其他领域中的效果[①]："蹩脚的审美作品和变坏了的文化财富拥有强大的分配机制，诸如，晚期工业社会在听众身上产生的倾向性，已将激进音乐导向独立的地步。"[②]

显然，阿多诺论文的出发点，是对文化的现代传播手法尖刻的批评。对于那些接受和解的艺术家们，虽然置身于社会和文化冲突之外，而且其求生的欲望也可以谅解，但是阿多诺仍然给予抨击。遗憾的是，"历史的暴力……不允许有审美的和解"。[③] 生产力的增长、生产力与生产关系的冲突以及意识形态的压抑，不允许艺术家对外界现实漠不关心或虚与委蛇。然而，音乐问题仍然以一种特殊的不同于绘画的和文学的方式被提了出来。

阿多诺的态度是由历史决定的。灾难搅乱了听众的感觉，使他们"再也听不进"音乐，也不想懂得唯一真正表现了灾难后果的音乐："使观众感到恐惧的不协和音程表达的正是他们的处境。正是由于这个原因，才使得他们无法忍受。"

给阿多诺触动最深的是音乐创作领域与接受领域的截然脱节：一方面是进步主义，另一方面是因循守旧，二者极不协调。贝多芬在第二次世界大战以后还不至于变得不合时宜。更确切些说，听众还没有学会在他们那个时期的音乐中，去识别具有现实性的东西。他们不愿意从音乐中辨认出自己不幸的烙印。贝多芬是一种慰藉，一个可靠的避风港……文明还没有到"他们"所说的不可救药的那种地步……而且，贝多芬是一种已肯定了的价值。

证据是贝多芬的音乐还在电台上传播。至于勋伯格，当他在纽约试图

[①] 参阅本书第三章第一节"文化工业"部分。
[②] 阿多诺《新音乐哲学》，1962年版，第15页。
[③] 阿多诺《新音乐哲学》，1962年版，第16页。

为他的《圆脸傻瓜》录音时,大家还不知道有这么一位作曲家。事实上,这一切都促使观众产生了《月光奏鸣曲》比《期待》更明快的错觉。

对崇古教育、题材偏爱和官方的传播"文化"政策,阿多诺也给予了通常性的批判。事实上,这种政策一贯地拒绝承认"先锋派"作品属于文化遗产:当听众优先接触到现代作品时,所谓古典音乐与现代音乐之间便出现一种阿多诺称之为相互干扰的作用:"不仅是因为听众的耳朵里灌满了轻音乐,致使他们在听其他音乐时还与第一种音乐去对比,比如像古典音乐,也不仅是因为流行曲把人们的感觉能力减弱到这样的程度,致使听众再不可能全神贯注地听一场严肃的音乐会,而以单调的流行曲的模糊记忆作为消遣,而且神圣的传统音乐本身已被大量的商业化生产所同化……"①

对悖论现象的系统研究是辩证方法的基本阶段,也是辩证方法的动力。它应该被看作是批判及其机制必不可少的成分。对文化工业的批判是通过对其机制的系统的"拆卸"来进行的。

文化工业机制已被大量的商业化生产搞得冥顽不灵,而统治性的意识形态则对商业化的生产推波助澜。这种批判得出的结论是中肯的:消费者已意识不到文化产业调节的数量和重量,再也感受不到艺术通过对先前形式的扬弃运动以证实其进步的有活力的方面。在阿多诺看来,这里的错误主要在于不知道辩证的和历史的运动所经历的明显的消极阶段,它不是用这些消极阶段表现其衰落,而是为了证实它的进步。把相对的消极变为绝对的消极,只不过是一种被大量的商业化生产愚弄了的意识现象。

这一逻辑矛盾的论题是阿多诺整个辩证法的一个基础,也是《审美理论》发展中的主导主题。如果把这一主题限制在对文化产业的总批判方面,那么无论如何不能对此有很好的理解。当阿多诺展示现代作品在过分刻板的结构设计中遇到的危险时,人们从他对作品的微观分析中,还可以看到这一主题。让我们以作者对印象派的批评为例加以说明。

---

① 阿多诺《新音乐哲学》,1962 年版,第 19 页。

第二节　表现主义的矛盾

在多种多样的反动态度中，阿多诺揭露了那种认为在任何一个时代、任何一种社会都可以不加区别地运用同一种音响材料的态度。这种观点认为艺术家对于这种材料是"自由"的，这就否定了主体与社会的相互作用："材料对主体的要求源于这样一种事实：材料本身就是积淀了的精神，是某种通过人们的意识预先形成的社会事物。"①

所谓材料的自律是与社会演变过程紧密相连的，也就是说是与生产力的解放紧密相连的。因此，作曲家与材料的较量，其实也就是与社会的较量。确切些说，社会已经渗透到作品中，它既不是作为一种纯粹外在的和他律的因素，也不是作为消费者或矛盾者与艺术生产相对抗。"材料传导给作曲家的指令与作曲家在服从这些指令的同时也对此进行改造，双方构成了相当大的相互作用。"②

在这个意义上，阿多诺说明在现代作曲中还存在的协和音并非本身"不准"。这些协和音走调主要是协和音在现代无调性作曲中运用不当。或者说，从当代社会的技术现状来看，它们的闯入是不可接受的。这种闯入不仅是仿古的，而且是虚假的。因此，阿多诺认为，"自由艺术家"这一或多或少被理想化了的观点，应该赋予摆脱了关于"天才艺术家"或创造性艺术家的说教的论点，这种论点认为，"时代和社会不是从外部束缚作者，而是作者在他谋求的作品所规定的严格而确切的要求中来束缚自己"。③

可是，怎样来协调"束缚"和"服从"与自发的和独立的要求呢？勋伯格的音乐提供了答案。"自由"存在于作曲家面对传统的音乐表达方式给

---

① 阿多诺《新音乐哲学》，1962 年版，第 45 页。
② 阿多诺《新音乐哲学》，1962 年版，第 45 页。
③ 阿多诺《新音乐哲学》，1962 年版，第 47 页。

自己提供的独立的空白之中。勋伯格的功绩在于"改变了音乐表现的功能",进行了以废弃音乐"装饰的"功用为首要特征的音乐变革。与斯特拉文斯基完全相反,勋伯格投身于"不加掩饰的真正的无意识运动之中",投身于"向形式的禁忌进击"的冲击之中……投身于"使禁忌合理化和形象化"的冲击之中。专横的态度则是用暴力对付"这些无意识的信使"。

勋伯格拒绝了音乐的装饰性,也拒绝了传统,同时也解放了音乐。他在揭露虚假、华而不实、伪装以及过分文雅的同时,承担起一个赎罪的作用。可以说,他为真实性的诞生和真正内容的流露做出了贡献。

阿多诺从勋伯格那里得出的结论是:"音乐有它的职责,不是装饰而是真实……艺术不是出自'权力'而是出自'束缚'。"①

因此,音乐既不是游戏(言外之意,即无偿的),也不是"外在的现象",而是认识。个体对不可补救的异化特点苦恼不堪,而"真实的"音乐通过它的形式表现出个体所对抗的混乱的社会现实:"音乐语言向两极分化和向断续的动作分化,可以说,向肉体的抽搐分化,分化为烦恼所促成的麻木不仁,呆若木鸡的地步。"②

真实性就在天性之中,在行为和激情的自然流露之中,甚至在精神创伤之中。如实显现出来的东西就是真实的,而现象的东西就不是真实的;混乱的东西是真实的,而井然有序或天衣无缝的东西则不是真实的。

然而,这种对真实的解释把表现主义判为谎言:表现本身变成了面具。

阿多诺认为,在《幸运的手》③中表现的工人——金银匠和人的相互不了解,说明勋伯格如何通过混乱(劳动人民眼中的资本主义剥削)来展现阶级的意识形态。工人是愤怒的,因为他们也许感觉到或者预感到英雄人物体现的是极权的威力。这一悲剧造成的混乱产生于只满足于展现社会劳动分工的图画,而不表现对社会生产关系的一种反抗。

英雄人物的模棱两可的态度,可能出自于他在维护旧生产方式的反动态度,出自于实际的承认社会—经济改造中摇摆不定的历史特点。

---

① 阿多诺《新音乐哲学》,1962 年版,第 52 页。
② 阿多诺《新音乐哲学》,1962 年版,第 53 页。
③ 《幸运的手》是勋伯格 1908—1913 年之间的作品。阿多诺指的是第三幅图画:大人物在工人们愤怒的目光下,一锤砸开放在铁砧上的金锭,使珠光宝气的王冠显现出来。

阿多诺用阶级斗争和劳动分工的术语来解释，这就使他能够肯定表现主义艺术所受的深刻的模糊性损害："艺术作品还只是作为客体而已。它在审美方面是不能摆脱它所属的社会盲目性。绝对的、盲目的和彻底异化了的艺术作品，只是对自己的反复参考。因此，摆脱外壳的企图只能以失败而告终。"①

在这里，我们不准备讨论阿多诺在他的解释中，把手工业者和资本主义异化的受害者——现代工人混淆的理由。我们只是指出，阿多诺利用舞剧《幸运的手》和当时的表现派歌剧《我的悲剧》之间的相似之处来自圆其说，并且把他的批评扩大到"整个"表现派艺术。

《期待》同样没有摆脱模糊性。《女人》的苦恼是孤独的个体在呼唤联络，因而取消了最初的反抗②："表现派屈服于联系。"③ 表现的两极分化，通过对比再次形成一种将各种不一致因素融为一体的连贯性。这样获得的虚假的自主性，实际上又重新建立了与过去人们要逃避的形式的规矩同样刻板的东西。

表现派最终破坏了表现的活力，僵化了。"如果《期待》中的冲击的举动不断重复并援引囊括自己的那种形式，那么就接近了格式化，告一段落的歌！就是一个真正的结尾。"④ 阿多诺认为，20世纪第一个十年的音乐表现主义（《期待》1909年；《幸运的手》1913年）和当时的文学表现主义都受到浪漫主义的严重影响，龟缩在封闭世界的悲观想象中："表现派音乐照搬了浪漫主义音乐传统的表现方法，致使这种传统的表现方法成为一种程式。"⑤ 在已成为结构材料的协和音中，被该程式毁坏了的主观的表现激起了表现能力。在寻找联系的同时，表现主义音乐接受了和解的可能性，但

---

① 阿多诺《新音乐哲学》，1962年版，第57页。
② 大家有必要反思，对女人内心独白的一个暗示，作者是对她而言，还是对某个人而发：她的情人？抑或一个同谋？
③ 阿多诺《新音乐哲学》，1962年版，第58页。
④ 阿多诺《新音乐哲学》，1962年版，第59页。勒内·莱布维茨在谈论勋伯格表现主义时期的表现特点时写道："这种对表现力自觉的追求，使他置身于表现派是不足为奇的，表现派也有同样的理想。同样不足为奇的是，从他的第一批不带传统色彩的抒情作品开始，表现力就这样有力地表现出来了。事实上，赋予不同作曲范畴和规模以特征的所有题材，在《期待》和在《幸运的手》中一样，构成了一种从前很少达到的'表现性'的音乐语言。"（见法国国家研究中心所出的《欧洲戏剧中的表现主义》一书，巴黎，1971年。）
⑤ 阿多诺《新音乐哲学》，1962年版，第60页。

是这种和解必然是虚假的，因为它和妥协是一致的。①

读一读阿多诺的《论瓦格纳》和《新音乐哲学》，就会清楚地看到这两部著作在研究方法上的不同。我们在前面已经讲过，阿多诺对瓦格纳创作的社会特点通常是从心理学方面去确定的，他不回避自己对说明作曲家个性的自传和传记的参照。所以，阿多诺的方法受着先验论的影响，经常陷入主观和武断之中。而且，他在后来的一部作品中，也承认了这一点："《论瓦格纳》的许多段落过分地从心理学角度去探讨艺术家。"②

在这里，阿多诺在预防庸俗的社会学，即预防整个简单化了的马克思主义美学意图的同时，却被自己力求回避的一种心理学解释倾向歪曲了其探索。

事实上，如果一开始就直接从社会角度来解释，或多或少会包含一种对社会的辩解，而且也从中证实了它所揭露的东西的存在。而作品的社会本质来源于它本身的内在活力，因此，人们承认一般的艺术是历史的记载。所以，阿多诺最初阶段的研究方法是由对材料"客观"的分析，就是说其研究是通过对艺术家构思作品所掌握原料的"客观的"技术分析构成。对生产力现实状态下材料的取舍使人们能够根据进步与反动来界定作者。阿多诺研究方法的第二个阶段是对技术手段和作品之间的联系的探索，也是对创作计划中矛盾特点的探索。在创作计划中，作品意向与把握构思的创作方法决定着作品的真实性。这种创作计划中的矛盾不应与艺术作品和作品揭露的东西——作为作品所属的意识形态——之间的矛盾混为一谈。

内容的真实尽管是历史的，但不属于历史的相对主义。

在贝多芬的某些奏鸣曲中，内容的真实性超越了当时的现代先锋派作品。这一切都取决于它们参与异化的和令人扫兴的世界的假和解运动的程度。在阿多诺写这些评论文章的时期，勋伯格在十二音体系音乐上的失败，与后来斯特拉文斯基后期的作品相对比，仍然是一个进步。勋伯格企图超越使音乐曾经搁浅过的整个表面性，他力求与所有追求风格的意志决裂。

---

① 我们应说明，勋伯格宣称他的功绩是"谱写过"一种真正的新音乐。正如这种新音乐来自传统一样，它注定也是要变成一种传统的。他的《和谐的法则》写于1909—1911年之间（文章未发表，引文摘自 R. 莱布维茨《勋伯格》一书，见瑟伊出版社1969年版，第20—22页）。

② 阿多诺《轶事琐谈》，第420页。

而斯特拉文斯基则由于他处理音乐材料明显可见的专断和因循守旧,终于倒退进入古风之中。

事与愿违,阿多诺对表现主义的批判以失败的记录告终。引入十二音体系技术和抛弃音调体系,是否已经能够超越前期的矛盾,还有待阿多诺进一步的研究来确定。

第三节　十二音体系阶段:失败的原因

完整的艺术作品就是绝对的荒谬。

——阿多诺

我们只能满足于粗略地回顾阿多诺的论证。他的论证主要说明,勋伯格一开始就把十二音体系作为一种自由活泼的再创造。十二音体系的运用实际上导入了取消初始动态的静态之中。这一辩证推理在阿多诺那里是屡见不鲜的。我们可以把他对勋伯格音乐研究的例证看作是《审美理论》——专门研究艺术作品逻辑性的——有关章节的说明。[1]

在阿多诺看来,勋伯格在满足一种资产阶级[2]初始阶段之幽情的音乐中运用十二音体系的技巧,也许可看作是一种对自然的控制。

十二音体系的使用范围一开始就扩大了,退化为技巧、知识、一种手段、高超的数学游戏,这就是音乐的命运。十二音体系对音乐材料的控制凭借的是没有真实性的习惯的合法性,而获利的恰恰是技术建设所要反对的无理性和"表面性"。"表现手法"对"含义"的优先性迫使作曲家"不

---

[1] 阿多诺《审美理论》(德文版,Aesthetische Theorie, Francfort, Surkamp, 1970),第 213–215 页。本书所引阿多诺《审美理论》,后面的引文,凡出自该德文版本,以 A. T. 标示;出自法文版(Théorie esthétique. Paris, Klincksieck, traduction: Bernard Bellot et Marc Jimenez)的引文,则以 T. E. 标示。

[2] 阿多诺《新音乐哲学》,1962 年版,第 74 页。

去考虑如何构成一种音乐含义,而是考虑组织方法如何能获得一种含义"。①于是,新的技巧同时与控制自然和音乐命运紧密地连在一起。阿多诺用以下方式对此作了解释:在人类学会采用进攻性的工艺理性的手段从而比大自然更强大时,他实现了一个与他们认为是后天注定的命运相适应的计划。然而,十二音体系采取了与资产阶级的工业资本主义相同的手段,把音响材料束缚在一种追求新的合法性的理性形式上。当它上升为一种封闭的体系时,就建立起一种纯粹的抽象,把作品的含义化为虚无:"命运就是控制纯粹的抽象性,摧毁的程度就是权威的程度;命运,也就是灾难。"② 在这个意义上,十二音体系就是音乐的命运,它以解放音乐之名行奴役音乐之实。作曲家奔放的幻想力屈服于复活的理性。作曲家窒息在自己规定的律令中,因为"再没有比自己给自己规定的条例更富有压迫性的了,一旦主观的创作意图与作为调解者的主体相对立,主观意图就成为任意主题的偶然性"。③

阿多诺解释说,十二音体系的规则远非任意性的,它是创作经验的必然结果。所谓必然结果,也就是阿多诺所说的"音乐的自然材料不断净化"的成熟的结果。正因为如此,矛盾才比初始阶段显得更为离奇。一旦"空板"④ 上升为束缚人的规范,再不能与音乐的"具体的轮廓"相对照,那么,建立在主体的感性基础上,起初被看作防卫机制的经验也失去了原来的特质……由主观阶段向客观的支配人的阶段过渡,将自由转化为自由意志,变成专横的习惯,变成人们用来确定真假和谐的价值论的系统:"全神贯注的耳朵一旦听到什么,人们就把它败坏为象形系统,音乐方面的正确与错误的标准就是根据这个系统调节的。"⑤ 人们终于接触到了这一最高的矛盾,在这里,无调性被看作调性的代用品。这一切如此发展,就好像感觉到的自由,必然要让位于一种完整的组织结构的束缚。

---

① 阿多诺《新音乐哲学》,1962 年版,第 76 页。
② 阿多诺《新音乐哲学》,1962 年版,第 76 页。
③ 阿多诺《新音乐哲学》,1962 年版,第 78 页。
④ 阿多诺《新音乐哲学》,1962 年版,第 77 页。所谓"空板",是指"前面的音响未绝时,后面的任何音响都不能出现:任何音符都不准在动因功能完成之前发声;……任何和谐都不能在相应的位置上自我证实之前使用。"
⑤ 阿多诺《新音乐哲学》,1962 年版,第 78 页。

因为，组织结构的束缚和对细枝末节的控制，用阿多诺的话来说，即为在现实各阶段都遇到的操控的和保守的成分本身。

所谓操控，就是用外表的点缀隐没张力给人甜蜜感，从而使魅力施展出来。

因而，反动特点又占了上风，在这里，被看作调性的形式的要求将各个部分束缚和安插进整体。这一切都是在损害自发性的情况下进行的。①

就形式而言，阿多诺对于和谐以及十二音体系对位法的批判方法，与我们以上的引证方法完全相同。阿多诺似乎说明了一种通常意义上的美学，一种由来已久的艺术作品必须遵从的规则：由材料的静态化，向材料历史趋向的动态方面的转化，其成熟过程便是部分趋于整体，即形成完整的静态。

对和谐的指责可以用以下方式来概括：十二音体系把偶然的和谐抛入偶然性的同时，"清除了连贯性"，"自由的无调性用禁令打击完全和弦的和谐，并将不和谐普遍化。剩下的只有不和谐。也许，就十二音体系的'回归'而言，它在任何地方都没有在纠正其对协和和音以及灵活性的禁令方面表现得更为强烈"。② 协和和音"产生于矛盾和痛苦"，一开始就被看作主体表现的中音区，它们经过沉淀而变为材料。不过作为协和和音，它们被人支使和归纳入形式的整体之中。主体和谐真正表现特点的丧失，使它们中性化。"于是，材料被限制在自然的规则中，限制在声音之间的物理关系中。尤其是这一限制，使十二音体系音乐受制于自然的束缚。这不仅使刺激性挥发掉了，阻抗性也挥发掉了。各种音响之间的相互和弦与所有的声音、与表现了世界的整体之间的和弦同样微乎其微"。③

人们将会注意到，阿多诺为十二音体系主持公道的愿望由来已久。他认为，"十二音体系记录着如何在同一时间思考许多独立的部分，如何不用和谐音的协助就能将独立的部分组织起来。十二音体系的技巧在第一次世界大战以来已经彻底地结束了许多作曲家任性、不负责任的方法"。④ 阿多

---

① 《审美理论》（A.T.），第213页。
② 阿多诺《新音乐哲学》，1962年版，第94页。
③ 阿多诺《新音乐哲学》，1962年版，第95页。
④ 阿多诺《新音乐哲学》，1962年版，第100页。

诺认为，新的复调音乐是"真实的"，遗憾的是它作为形式的创始者，由于损坏了和谐音特有的成分，最终失败了。这个过程通过向"写作程式"的复归表现了出来。在对位法方面，过程几乎是相同的。十二音体系的技巧把对位法推向绝对，并且最终否定了对位法："在一个非常完善的结构中，对位法在其狭义上来讲，如自律音部与另一个音部的合作，应该淘汰。事实上，对位法只是在战胜包括'自己在内'的对抗现象的范围内，才有存在的权利。"① 在那里，再没有可供对位法证实本身存在的那样一种音乐存在的优势，对位法是"徒劳的，而且沉浸在未区分的连续性中"。② 对位法的淘汰，是通过材料丢掉主观表达能力的间接原因之一。

因此，十二音体系技巧的悖论存在于它对自我实现的否定之中，存在于意外的，但又是必然向传统形式的复归之中。阿多诺强调过，他在勋伯格的最后一批作品中，观察到了题材与展现、表达本义与十二音体系构成派的表现形式之间的裂痕。阿多诺对构成派的指责要比他对新技巧的渴望更为强烈：他既揭露了构成主义在方法上的形式主义特点，也阐明了构成主义对共同发展中的各种成分的协调的不可能性。人们再次看到了构成主义对自发性的废除，这是阿多诺在论及表现派时已经揭露过的。

因此，新音乐应从两方面作战：一方面，反对它本身的压迫和倒退倾向；另一方面，反对对手们的反动意图。它的对手们借口它软弱无能，试图抹杀它深刻的革命性，至少在关于自然和社会统治的预兆性反思方面是这样。

如果说新音乐趋于灭亡，这正是由于它的真实的特点，因为它给历史以理性。此外，也许正是在这一点上，新音乐可以得救："在虚假的秩序中，艺术的衰落是虚假的。"音乐通过对虚假秩序的揭露和对真实的运动的肯定，重新找到了抗拒一体化的契机。新音乐的技巧本身比产业社会的所有复制技术都更加"现代"，因为这些技巧关系到"作品的本质"。

阿多诺说："理性比理性化要强。与劳动分工和电影摄影方法相比，画一幅画或写一曲四重奏也许是落后的活动，但是画和四重奏的客观技巧的成形，保护了电影本身的可能性，后者只不过是被自身的社会生产的模式

---

① 阿多诺《新音乐哲学》，1962年版，第104页。
② 阿多诺《新音乐哲学》，1962年版，第104页。

破坏了。"①

挽救新音乐的可能性是存在的。阿多诺虽然对十二音体系有那么多的指责，但是他仍然认为十二音体系有对抗"日益增长的野蛮行径"的功劳。他经常强调新音乐的深刻的革命性，指责新音乐荒诞的外形，正是为了突出有意味的方面。材料的"非感性化"在传统音乐中有过的口头的、有表现力的特点丧失了，这正是使新音乐能够面对社会现实重新找到一种含义的原因。"在这些（十二音体系的）作品中构成连贯性的东西，正是对这些作品中的连贯性的否定。它们的胜利寓于音乐表现为口语的对等物这一事实中。因为音乐能够确切地不加任何含义地讲话，而所有统一的作品则处于口语的假象的标志之下。"② 新音乐和使它处于隔离状态的有意味的言语分裂开了，奇怪的是，这样做并不能排除它的社会特点。而且正好相反，传统音乐在独立自主的演变中，与社会基础的距离要比新音乐远得多。新音乐通过形式规则的设计，逐渐从所有社会性的想象中抽象出来了。旧音乐是为统治服务的"意识形态"，因为它想通过自身的统一的特点，让人们相信社会斗争和阶级冲突不存在。

作为明显的阶级产物，旧音乐把所有关于社会对抗的准确的想象都拒之门外："封建主义几乎从未生产过它自己的音乐，但是，它总是让城市资产阶级给它提供音乐，至于无产阶级，它纯粹是社会整体统治的对象，人们一向阻止它成为音乐主体，既因为它自身的素质，也由于它在整个制度中的处境。"③

因此，新音乐失败的原因和人们期待新音乐的原因一样，在于它是在一个不适宜的结构中不合时宜地出现，因为这个结构对接受它还是没准备的。唯一能使无产阶级成为音乐主体的条件，应该是控制了社会现实的深刻变化，并且允许"实现自由"社会。然而在"现实状态中，一种资产阶级之外的音乐能否存在还是很令人怀疑的"。④ 实际上，阿多诺似乎觉得反动势力的潜能正是如此规模，使它们短暂地阻止结构方面的所有变化。无

---

① 阿多诺《新音乐哲学》，1962 年版，第 123 页。
② 阿多诺《新音乐哲学》，1962 年版，第 135 页。
③ 阿多诺《新音乐哲学》，1962 年版，第 139 页："从博大的连贯的形式和令人惬意的外形特征而言，传统音乐的阶级意义应该宣告：从实质上来说，阶级并不存在。"
④ 阿多诺《新音乐哲学》，1962 年版，第 139 页。

论如何，任何一种变化都不可能从一般的艺术中产生，尤其不可能从新音乐中产生，至少从意识形态来说：音乐不再是意识形态。它和社会—历史的现实性同步："艺术作品和所有的客观精神的积淀一样，是事物本身。它们是包藏起来的社会现实，只在回忆中显现。"① 它们不是用言语的含义来"说话"，而是以动作的方式在其结构的内在的形成中表达社会的变革：它们是"客观的社会的满天星座的回声……每一种方法连贯性的中断，每一次遗忘，每一次振兴都意味着反作用于社会的一种形式"。②

因此，勋伯格的音乐的进步没有达到进步的可能性的程度："不可理解的撞击，是艺术技巧分配给这个荒谬的时代的……撞击照亮了这个没有意义的世界。新音乐的贡献正在于此。新音乐把世上的黑暗和罪过都集中在自己身上。它找到了所有承认不幸的幸福：即禁绝了外表美的整体美。"③

勋伯格的音乐无止境地"沉入"自身之中，"全面内倾"。在"内倾"中满足了它对材料的要求，在"内倾"中获得了认识的特点，并且从现实世界中解放出来。但是，勋伯格的音乐在自身的逻辑结论中，常常又僵化为某种自身不可渗透的东西。它执着地追求强硬化，而不考虑绝缘的危险在窥视着它。

我们要说明，阿多诺后来的关于新音乐的著作《著名人物与三棱镜》，已不同于《新音乐哲学》的悲观主义。实际上，在中断这方面研究 20 年后，维也纳流派取得的声誉使"人们像谈论过去的伟大作曲家一样谈论勋伯格"。④ 他把现代艺术的二律背反归因于艺术在"行政化世界"的艰难处境。

人们关于勋伯格和斯特拉文斯基之间的对比，得出了哪些错误结论？人们凭什么将其中的一个和进步联系起来，而将另一个和复归联系在一起？

阿多诺的辩证法当然可以非常灵活地躲进如此果断的公式中。让人们重新看一看阿多诺"证明"自己在比较研究中的审慎态度吧！答案就在勋伯格意图的意义中。他明显地要和过去决裂，寻找新的平衡，虽然在最后

---

① 阿多诺《新音乐哲学》，1962 年版，第 140 页。
② 阿多诺《新音乐哲学》，1962 年版，第 141 页。
③ 阿多诺《新音乐哲学》，1962 年版，第 142 页。
④ 《关于阿多诺》，苏尔康出版社 1968 年版，第 12 页。

的时刻他流露出一种向压抑性的逻辑的复归。阿多诺认为，进步的运动本身导向了二律背反。十二音体系在开始的意向中就表现出与传统技巧决裂的欲望。如果说它在后来成了自己的规律的受害者，那么责任不在作曲家，而在于体系的逻辑。

反之，正是因为斯特拉文斯基被复归的尝试所吸引，所以他才人为地并且激烈地向主体性和古风倒退："斯特拉文斯基想做一个不朽的古典主义者，而不愿做精力被耗光而不久就会被人遗忘的现代派。这种永葆青春的固执的想法在他那里起了作用。"①

斯特拉文斯基为了掩饰他向陈旧语言的退步，采取了种种手法想让人们相信他的现代精神。可以说，阿多诺揭穿了他的手法。在"风格化原则"的效果中，每一次退步都是向资产阶级社会特点让步。这位作曲家的高超技巧，为的是让人们相信相反的东西。

阿多诺以两位作曲家作品中的"撞击"为例。本杰明说明："撞击"的经验是怎样和产业社会的一个发展阶段相对应，另一方面，"撞击"的经验是怎样出现在19世纪的艺术作品中的。② 撞击的经验不仅是由历史决定的，而且也以恰当的方式表达了工业社会的政治经济制度对个体的压迫。

个体经受的所有撞击，构成了证明其异化的标志。因而，勋伯格越是把撞击表现为"类似烦恼不堪者的举动"③，这种举动就越显示为有效防卫的唯一机制：在斯特拉文斯基那里则恰恰相反，音乐好像自然而然地吸收了撞击，而没有来自主体方面的苦恼和抵抗，主体心甘情愿"经受各种撞击反应"。④ 斯特拉文斯基给了人们这样的印象，主体可以在精神创伤的反应下销声匿迹，正如富于表现力的音乐因素在压抑人的客观结构的统治下销声匿迹一样，正如个体成为意识形态的受害者一样。奔向神话的倾向，向"童稚阶段"的复归，向古风倒退，这些特点促使他"构思了人类反动形式的蓝图，而在产业社会后期不可避免的压力下，这些反动的形式已经

---

① 阿多诺《新音乐哲学》，1962年版，第146页。
② 瓦尔特·本杰明《诗与革命》，见《关于波德莱尔的一些主题》，莫里斯·德·甘迪亚克译，德诺埃尔出版社，1971年版，第225页。
③ 阿多诺《新音乐哲学》，1962年版，第163页。
④ 阿多诺《新音乐哲学》，1962年版，第163页。

变成普遍化的东西"。①

在某种意义上讲，斯特拉文斯基的反心理主义倾向表现在向"原型"形式的复归上，即向显示在运用"不合时代"因素的表现力方面的"原型"的复归上。所谓"不合时代"就是指倒退："……斯特拉文斯基是一个终结了一种社会倾向的人，他终结了向消极的反历史性进步的倾向，终结了向等级更加僵化的新秩序过渡的倾向。他的诀窍就是自我扬弃，和完全组织化的人类的行为主义模式紧密相连。他的音乐对所有想摆脱自我的人来说是有多么大的吸引力啊，因为在受压制的集体性的总的思想中，自我阻碍着个体的利益。他的音乐是为后空类型的听众而作的。"②

因此，斯特拉文斯基的音乐是"反动的"，其反动的原因和导致勋伯格音乐受挫的原因大相径庭。勋伯格的音乐拒绝了装潢外表的特点，斯特拉文斯基则明显地追求真实性的理想。勋伯格"吸取了音乐样板解体的结果，把必须遵从的样板的解体看作是音乐革命规律内在的逻辑"。③ 而斯特拉文斯基则根据权威的原则，企图"主动地"重建必须遵从的必然性。这样，他否定了阿多诺非常重视的材料的历史性成熟过程。权威原则的运用使他不懂得"事物自身运动的痛苦"，使他自以为是独立自主的经营者。遗憾的是，当追求风格的意志取代了风格的时候，意志否定了风格。

斯特拉文斯基想通过向古风的倒退来追求真实性，而勋伯格始终否定作品完成的观念。他们两人在阿多诺看来恰恰是背道而驰的。勋伯格的失误在于，他把作品在专断结构内表现出的东西，与它要想不囿于非现实性之中就应该表现的东西割裂开了。

---

① 阿多诺《新音乐哲学》，1962 年版，第 175 页。
② 阿多诺《新音乐哲学》，1962 年版，第 201 页。"后空类型的听众"是指喜欢听带古风的向后倒退的音乐的听众。
③ 阿多诺《新音乐哲学》，1962 年版，第 216 页。

第四节 小 结

通过对《新音乐哲学》的回顾，我们看到了阿多诺后来在《审美理论》中发展了的批判方法的本质。许许多多的概念已经在《新音乐哲学》中出现了。诸如"真实性的内容""材料的成熟过程""假和解"的观点等。这些处于阿多诺思考中心的基本命题，在二十多年之后，被再次采用，并进一步深化。对于勋伯格和斯特拉文斯基的研究，阿多诺运用了比《论瓦格纳》更具有说服力的方式。这项工作是以一种既回避心理学主义，又回避庸俗社会学的马克思主义解释方法着手研究的。[①]

阿多诺是第一个认识到本杰明重要性的人。从这方面来说，阿多诺对本杰明的阅读在当时是具有决定性意义的。撮其要点，就是介入艺术作品的方法问题。按本杰明在这方面的要求，该方法可以说是"从内部来提问"，研究材料和结构的关系，欣赏使作品获得连贯性的创作技巧："在论及技巧时，我引入的概念，能将文学作品置于一种直接的社会分析之中，置于一种唯物主义的分析之中。同时，技巧的概念代表了起初的辩证因素，从这个因素出发，形式和内容的贫乏的对立是可以超越的。"[②]

艺术作品在现实社会内部的"功能"的变化，是阿多诺很关切的问题。为了美学的未来，他赋予这一功能变化以重要的意义。然而，只有对这些关系进行分析，让人们识破统治意识形态所凭借的艺术与世界的虚假的关系时，这种功能变化才会得到理解。

---

① 对斯特拉文斯基的研究当然没摆脱心理主义的偏见。无论如何，要在阿多诺所追随的明显是"客观的"方法中，区别出属于心理主义偏见的部分还是不容易的。尽管如此，我们摘录了《论瓦格纳》中的一段："斯特拉文斯基以各种方式向后倒退：像法西斯主义者一样，他把进步的概念从他的审美意识形态中驱逐出去。"（《论瓦格纳》，第79页）
② 瓦尔特·本杰明《论布莱希特》，马斯拜罗出版社1969年版，第110页。

第二章 审美理论

就文风艰涩而言，黑格尔和康德是最后一批对艺术一无所知，却能写出伟大美学的人。

——《审美理论》①

第一节　关于艺术理论思考的起因

《审美理论》的第一部分似乎就已观察到了艺术在当今世界中的荒谬处境："现在，很明显的是所有关于艺术的东西、艺术本身，就像艺术与完整性的关系一样，不再是显而易见的了，甚至艺术存在的权利也是如此。"②

阿多诺直截了当将我们引进他所提问的领域。可以说他的整部著作的目的并不是为了在当今世界上找一个位置，而是将艺术最根本的东西还给艺术，给艺术以生存的权利。

如果说阿多诺认为在奥斯维辛之后，③ 不可能有诗歌，那么不言而喻，在一个令人失望的世界里很难说艺术可以继续生存。④

这种悲观主义大概有众多原因。一方面，阿多诺为达达主义和超现实主义未能得到理想的结果而失望。⑤ 另一方面，它们作为纳入商品流通中艺术的新的束缚，和作为占统治地位意识形态的代言人，其形式是对旧神学桎梏的真正的屈从。其次，艺术失掉了独立性，但与此同时也引起了新的矛盾：如果艺术只是可想象的自由，同时，它也与本身的概念相对立——

---

① 《审美理论》(T. E.)，第495页。
② 《审美理论》(T. E.)，第9页。
③ 纳粹在波兰的集中营之一。从1940年到1945年，约有400万犹太人和波兰人在那里被杀害。
④ 参阅本书索引部分。
⑤ 埃克萨维耶·戈提耶在其著作中指出超现实主义是如何复原了阿多诺所说的"禁忌"，"许诺的冒险"如何在实际上因为超现实主义者对性欲和妇女非破坏性的态度而折衷："人们可以设想，超现实主义丑闻的意义是什么，它是否出于真正的革新气息。它缓慢地但较好地被社会接受和同化，它对社会很少羁绊，似乎应在官方博物馆占一席之地，这一事实难道不使我们对其革新意图的怀疑吗？"（《超现实主义和性欲》，伽里马出版社1971年版，第32页）

艺术等于自由，即从经验的现实性中解脱，提出另一种不同的世界，该世界本身就是对现实世界的揭露和激烈的对抗。假如艺术失去这一独立性，就和其他已经被一体化和异化并且汇入了强化现状的人类活动毫无区别。

尽管艺术有这些意图，但由于面对日益增长的技术而无法扭转乾坤，或者由于占统治地位的意识形态过分强大，在今天，艺术的苟延残喘的问题还是被提了出来。

"美学"概念的老化和艺术的独立性与这一演变相平行，[1] 阿多诺还注意到了"美学"概念本身的一种老化问题。他在一篇本来打算给主要著作做引言的文字中写道："如同我们谈论'体系'或'道德'一样，在哲学美学的概念中出现了某种古风。"这种感觉不仅仅限于艺术实践中，大众对美学理论也漠不关心。

在科研领域也是如此，人们目击了专业出版物令人震惊的倒退……美学理论多样化有两方面的原因，首先，借助一种哲学体系的范畴来思考艺术即使不是不可能，至少也是困难重重；其次，是由于美学思索取决于供它假设的认识论立场。[2]

然而，如果说阿多诺有充分的理由认为"美学"概念老化了，那么，艺术概念和艺术作品却出奇地完好如初，就好像艺术概念本身的内在矛盾的显现一样，一旦记在现实经验的各种对立的账上，就可以让阿多诺避开那些本来应处于推理中心的东西，诸如，在今天给艺术下定义是否可能的问题。

艺术现象很明显地被阿多诺接受了。阿多诺的批评正是集中在使艺术成为艺术的因素的丢失方面。那么，没有矛盾吗？我们应该思索，这一批判的外在性在某种意义上说，是否不再是对艺术领域的或多或少是理想性的和恋旧式思想的复归？被揭露的意识形态一体化在什么情况下才能寿终正寝？

近几年来，不计其数的文章集中于一体化问题的分析，对一体化形式的批判已不再是什么大的独创。然而，这种批评还是有价值的，这不仅由于它是首成系统的批判之一，还由于分析的细致入微或者说论证的辩证运

---

[1] 参阅本书索引部分。
[2] 《审美理论》（T. E.），第493页。

动,由于激烈的特征,至今仍让我们对前面种种反对意见留有余地。

面对被统治意识形态完全一体化了的资产阶级艺术,艺术家一天天衡量着艺术的肯定性的本质与现实之间的鸿沟,并企图与完全被占统治地位的意识形态一体化了的资产阶级艺术分庭抗礼。在艺术家打乱了秩序之后,要紧的是"整顿艺术秩序",同时力求确定艺术可能是什么,或者说,艺术要想不消亡就应该是什么,而不是去确定艺术是什么。"艺术可能性的问题已经成为现实,因而它不在乎自己的所谓彻底的形式,如艺术'是否'还是可能的和'如何'才是可能的之类的提法。在这一问题的位置上,如今提出的是艺术的具体可能性的问题。"[1]

对意识形态的超越

因此,虽然阿多诺的提问法与本杰明的提问法有许多共同点,特别是本杰明关于艺术作品的"灵感"的章节,[2] 但从根本上说,还是有别于本杰明。

本杰明引人注意的主要聚焦点是揭露法西斯,揭露法西斯将生产力用于战争的目的:"帝国主义战争是技术的暴动……它以强有力的生产资料的存在,与其在生产目的方面运用的不足之间的距离作为决定性的因素。"[3] 帝国主义战争和法西斯战争是金蝉脱壳之计,它可以给群众运动确定一个毫不改变所有制的目的。

无论如何,本杰明的警告称得上是历史的标志,与第二次世界大战的警报具有同等价值。对法西斯的苦恼,使他的揭露限制在一个唯一的意识形态主义上,即无论左派还是右派的意识形态都会蜕化为集权主义。

在本杰明之后,阿多诺超越了作为参照物的一种唯一的意识形态的观点,他的视野远远超乎其外。

阿多诺越能从整体上把握,他的揭露就越彻底,也越悲观!布尔什维克主义和斯大林制度的建立带来的灾难性后果至今犹存。西方资本主义社

---

[1] 《审美理论》(T. E.),《第一引论》,第503页。
[2] 瓦尔特·本杰明《诗与革命》,德诺埃尔出版社1971年版,第203页。
[3] 瓦尔特·本杰明《诗与革命》,德诺埃尔出版社1971年版,第209页。

会在根基深处有所动摇,在和东方彼此撕扯中仗恃的是自由民主观念,但只有对内部的破坏力量采取专制和镇压的措施才能挽救自己。因此,它们也必须用专制的措施捍卫自己的意识形态。即使这些措施不诉诸司空见惯的专制主义同样激烈的暴力形式,也不乏危险性和严酷性,在那里,一体化不再是巧妙地以文化、人道主义和传统价值的名义来进行。西方的社会被物质力量拉向未来,它经常向过去、向赤裸裸的"统治"时代投以留恋的目光。正如考斯塔·阿克西罗斯指出的那样,阿多诺在"整体粉碎了的社会中蹒跚"。① 他对所有意识形态统治形式和无所不在的物化的执着揭露只有一个目的,即让人们在解除了异化、复归和谐的乌托邦世界的幻想中,隐约看到一种救世的可能性。然而,这种乌托邦,在"应该相信"这一点上是可能实现的,但在乌托邦实现之时,即自我否定之日的意义上,它又是可望而不可即的。它经常被倒退和满足现状的行为所威胁。因此,它只是作为一种空想,作为对集权性整体的否定,作为对"多向性"的有可能吸收、取消和超越反抗的整体的否定才有价值。于是人们总算得到一体化失去(回收)意义这一观点。从某些方面来看,这种乌托邦毕竟是人们所期望的。

现代社会患有失明症,因为它拒绝看到如马克思论及资产阶级时所指出的社会本身产生导致自身灭亡的力量。占统治地位的意识形态不愿接受自身分泌自我解体的酵母。从马尔库塞、海希和阿多诺的作品来看,"法兰克福学派"的统一纲领正是表现在拒绝服从暴力和将暴力运用于革命的目的中看到解脱压迫的唯一方式。阿多诺对挫折的笔录,一如马尔库塞的记录一样,本身包含着希望的因素。今天,占统治地位的意识形态明显地可以"吸收"一切。反动力量的潜在可能如同它们能够吞并,有时甚至提前吞并所有的激进的反抗意图。但是,有一种东西说明所有的希望,因为它摆脱了所有的吸收,这就是吸收本身的产物,一旦它被压迫的一体化所吞没,就让人们意识到产生它的机制。

---

① 考斯塔·阿克西罗斯《一种研究的根据》,子夜出版社1969年版,第111页。

对"反理论"的赞同

阿多诺的思想最初并非是统一的,其推理在"分散战术"的影响下趋向于离心运动。不过,通过题材扩展的多样性和广博的文化佐证,他那恒常关心的东西还是透露了出来。他有步骤地揭露辩证思想本身,能迅速地把很不适合的对象,尤其是关于艺术的思考,提到揭露体系化中"理智的诡计"的高度来认识。

这样,阿多诺的用心主要在于让人提防和警惕"体系"的企图。他对康德、黑格尔的批判,对古典主义、精神分析学、超现实主义,尤其是对社会主义的现实主义的批判,目的就在于强调艺术从来就不是人们想让它所是的这一基本观点。各种学说、思想或任何遵命学派的共同错误,都在于将艺术关闭在一个与意识形态联系极其密切的领域,按统治的企图,在社会中给艺术定位,追求艺术和世界的调谐,而这种调谐在一开始就或多或少被那种将艺术活动与经验现实割断的一体化所扭曲。艺术与体系的联系是很顽固的,该联系在社会主义现实主义中已经达到了极其僵化的地步。确切地说,所有想成为"现代"的艺术都想摆脱这种意识形态的奴役,但是,在向往与传统彻底决裂和肯定一种与现实存在不同的另一现实的可能性时,也给那种把艺术纳入现代社会科层领域的一体化开了方便之门。一体化的目的就是要取消艺术的批判作用。艺术的处境是困难的,它只有克服意识形态体系的静态才能独立自主,但这样一来,它本身也堕落为"对抗性的意识形态",并且通过自身运动重新会合到它曾经竭力反对过的运动中。今天,死胡同已经昭然若揭,自称为"反抗者的"或"革命的"艺术运动都陷入其中。在艺术的使命和意识形态的使命之间,艺术没有选择,似乎应该驱除"意识形态"的概念的含糊性。艺术作为占统治地位的意识形态"体系"的对立面时,也是一种"意识形态"。选择的缺席从艺术内在批判能力的出席得到解释。在阿多诺看来,革命运动常常重犯反动意识形态犯过的错误,即把传统和现代艺术之间,保守艺术和进步艺术之间的对立和抗争看成是不可克服的。类似的态度只能使一体化的动机更加强化。

《审美理论》拒绝了所有必然导致排外原则的体系化,也许它首先就是一种"反理论"。其基本特征表现在对专断——通向专制的第一步的恒定怀疑之中。

第二节　作为和解企图的艺术品

对黑格尔"艺术死亡"论的批判

对于阿多诺来说，艺术起源问题，诸如人们在唯心主义理论中经常看到，在非马克思主义的美学思想中仍然残存的那样，是虚假的问题。从艺术的普遍永恒的定义出发，把艺术史想象为对颓废时代的相继超越的历史，必然导致阿多诺所说的"晚期浪漫主义"。这种浪漫主义并没有比马克思喜欢揭露的18世纪的古典主义思想走得更远。

这里，我们不得不引证阿多诺本人的论述："艺术在历史中那些充满变化因素的星座中汲取概念：它在定义中画地为牢。艺术的本质是不可以从起源中推演的，譬如，不可看作有一个基础层，在上面相继竖起了各个层次，在人们摇撼它们时，它们就会倒塌。那种关于最初的作品是最伟大的和最纯粹的看法，是晚期浪漫主义的观点……在本体论方面，将艺术起源归纳入一种最高动机的企图，必然会在某种极不协调的事物中迷失方向，以至于理论除了观点之外一无所有，这种理论观点当然不乏崇高，它认为所有的艺术都不会列入任何的同一性之中而不留痕迹……艺术之为艺术的定义，首先在昔日艺术之为艺术中预示过，但是，它只是通过它已经形成，或是很明显地正在形成，或许将来也要形成的样子，使自身合法化。"[①]

根据古代艺术参与崇拜来评价艺术，或者根据艺术在中世纪所起的消

---

① 阿多诺认为："传统所转达艺术的先前的所有证据，再不是最真实的了……人们再也不是在这些证词中才看清楚艺术是什么。"见《审美理论》（A. T.），第480页。

遣和游戏的作用来评价艺术，也没有任何意义。总之，艺术不再是昔日的东西，即不再是由昔日的崇拜对象变之为后来的艺术作品。反之，人们在今天也不再把昔日的艺术作品（Kunstwerk）看作艺术作品。①

因此，黑格尔关于艺术死亡的论点和阿多诺所谓的"既成状态"相吻合，也和"既成事实"的观点相一致。人们记得黑格尔从这种艺术的死亡中提出了一种艺术科学的可能性："艺术，或者至少艺术的最高目的，对我们来说是某种过时的东西。因此，它对我们来说已丧失了真实性和它的生命；它留给我们的只是一种想象，远不能肯定其实际的必然性和保证一种位置的选择，就像它过去所做的那样……因而，艺术科学可给我们的时代，比起艺术本身作为艺术给人以充分满足的时代，以更多的一种需求。"②

然而，阿多诺引用这段话包含一种责备。黑格尔给予艺术的墓志铭是错误的，他给资产阶级视现实如颓废，而在昔日的遗迹中寻找避难所的思古之幽情提供了论据："今天，美学不再是能否起墓志铭作用的主宰：不过它没有必要起这样的作用。"③

反对颓废说

黑格尔的理论预示了阿多诺在《审美理论》中展开的所有基本论点。可以说，阿多诺推理的二重性，是正面打击了许多矛盾的学说。

第一个打击目标，无疑正是占统治地位的意识形态。这种意识形态，或曰这种粗暴的形式，是想通过歪曲的筛选，让人们相信昔日的艺术已死亡，并把艺术颓废的责任归咎于内容。于是，意识形态否定了两个明显的事实：第一个是那些仅仅不合这些意图的作品已经消失，第二个是它负责在高雅艺术与粗俗艺术之间作文化的选择。事实上，过去的艺术内容"是有能力在一个摆脱了文化霸气的社会中继续生存的"。④

---

① 阿多诺经常批评本杰明的"灵光"说。艺术外表特征的丧失不能归结为艺术作品的"此地"和"此时"的丧失。实际上，意识形态已巧妙地将"灵光"还给了艺术作品，以加强自己神化的特点和有助于自己的商业化。
② 黑格尔《美学》，让凯莱维奇译，乌必埃出版社，1945年版，第23页。
③ 《审美理论》（T. E.），第13页。
④ 《审美理论》（T. E.），第13页。

第二个打击目标，虽然他未加阐发，但可以看出，他是指马克思主义概略的批判方式对颓废概念的运用。关于经济和政治制度颓废只能孕育颓废作品的论点已被事实揭穿。瓦格纳的作品就是一个最典型的例子，确切些说，它在抵抗资产阶级的解体之中汲取到了力量："在赎罪的名义下，瓦格纳一视同仁地把对资产阶级世界的否定性和否定都看作积极的东西。"①一般来说，颓废的概念只是被那些将艺术同化为意识形态的上层建筑的人所运用，他们强调艺术和经验现实以及生产关系的决裂，因此否定了艺术既属社会现象又独立自主的二重性。这一概念，既适用于批判反动资产阶级的目的，也适用于剖析社会主义现实主义的目的。

艺术作品与和解

常见的美学认为，艺术作品是艺术品（Kunstwerk），也是工艺品（artefact），即社会劳动的产物。作为社会劳动的产物，作品同样与经验现象相联系，既排斥经验现象，也从中汲取内容。所有建立在内容的现实性或不合时宜的特点之上的美学，都以形式和内容的距离分别为前提。而阿多诺则认为，这种观点根本就是错误的，因为这种美学不愿承认"审美形式就是积淀下来的社会内容"。② 这种积淀在于审美生产力和实用劳动的生产力是一致的这一事实。它们本身追求的是同样的目的："可以称作审美生产关系的东西，是生产力的积淀物和痕迹。"一旦明白"现实中未解决的对抗作为内在的形式问题在艺术中出现"，③ 阿多诺关于形式这一概念的使用便好理解了。

他在下面的这一段话集中说明了上述基本论点："作品将矛盾表现为一个整体，把对立状态以'完整性'再现出来。仅仅是通过中介而不是直接参与，作品才表达出超越对抗状况的能力。客观矛盾交织出主题，而不是由主题设定矛盾。这是作品内在的结构中客体的真正第一性。在审美对象中，主题只因为本身中介化和同时作为痛苦的直接表达，才能富有成果地

---

① 《论瓦格纳》，第202页。
② 《审美理论》（A.T.），第15页。
③ 《审美理论》（A.T.），第16页。

消失。对抗通过技巧在作品的内在结构中突出地显现出来。从外在性而言，作品也可进入张力关系的解释中去。这些张力不是复制，而是建设性的。审美形式的概念仅仅是由此派生出来的。"①

艺术作品带有它从属于人类活动尚未被劳动分工分裂的那个时代的印记。作品在形式与内容的张力中，在精神升华与世俗化的张力中，保留了它从史前古老的联系中带来的痕迹。

这种张力在成功的艺术作品中虽然有所缓解，但从未完全消失："整个作品是一个瞬间，整部成功之作是一个平衡，是一种执着关注的表现过程的短暂的稳定。"② 这种张力证明了艺术作品的真实性，即始终是身外之物，是介于艺术品的品格和联系着经验现实、生产力关系的"艺术产品"品格之间脆弱的平衡。

为艺术而艺术的理论常常受到阿多诺的批判。该理论的错误在于割裂了作品与"身外之物"的关系，从而为倒退的意识提供了口实："如果艺术狭隘地从审美方面去领会，它就不能从审美方式方面正确地被领会。"③ 反之，将作品完全归于它的"身外之物"，势必迫使作品抛弃它真正的审美功能："19 世纪登峰造极的现实主义小说曾有过某种特点，所谓社会主义的现实主义理论曾把这些小说系统地归之于这一特点：报告文学的特点，即预先实现了此后的社会学将要揭示的东西。"④ 艺术作品企图不断地调解这两种倾向，其真正的特点，即在于它不屈从于任何一面的秉性。

唯心主义的理论将艺术活动和其他人类活动彻底割裂开来，这就认可了占统治地位的意识形态得以立足的社会劳动分工的原则。而庸俗社会学则笨拙地调和"基础结构"与"结构"之间的关系。阿多诺认为，在这两种结构之间，应给重新领会艺术和力求显现"作品结构与社会结构具体的中介"因素的"美学理论"留下一席之地。⑤

阿多诺的态度悬在"另一种"社会的可能性上面，在那里，艺术会奇迹般地重新找到存在的权利。但是，应该承认，这种"自由社会"的特点

---

① 《审美理论》（A. T.），第 479 页。
② 《审美理论》（A. T.），第 17 页。
③ 《审美理论》（T. E.），第 17 页。
④ 《审美理论》（T. E.），第 17 页。
⑤ 《审美理论》（T. E.），第 20 页。

是不可捉摸的。这种幻想与"批判理论"所批判的僵化而且单向性的资本主义社会之间的鸿沟是巨大的，致使这一设想显得那么不切实际，尤其在社会政治经济背景有所变化，而对艺术永久魅力的不无荒谬的肯定，仍与批判的积极因素相对应而存在时更是如此。

第三节 对精神分析学及其后果的批判

精神分析学和意识形态

阿多诺对运用精神分析方法于作品分析的批判，可以简述为几条反对原则。阿多诺似乎认为没必要过分地扩展已知的某些反对意见。然而也不能对此保持沉默，因为它记入了阿多诺揭露统治意识形态的提问法之中。

在阿多诺看来，后期精神分析探索翻新了社会统治企图，将艺术封闭在不可接近的领域之中，至少翻新了社会统治所采用的一种机制。他批评了艺术家——精神病患者的观点，认为该观点和艺术家——天才的观点一样，纯属反动的产品。因此，在今天看来，后期精神分析是按照传统的方式来揭示那种在个人的心理现象中寻找艺术创作的"为什么"的企图。总之，后期精神分析确实是在艺术的本质中探索过"为什么"的问题，但是这种探索无异于翻新传统。阿多诺赞同这样的分析："艺术是社会的社会性的反衬，是不能立即在社会中扣除的"，因为艺术作品是人类产品，是通过"主体"的中介来实现的。不过，迫切的问题是要揭露那种认为精神分析学有朝一日可以弄清"艺术现象"的幻想。

阿多诺的批评主要针对精神分析的机制，针对海希所说的精神压抑的作用。通过俄狄浦斯恋母情结来解释艺术作品（阿多诺经常引证拉法尔格关于波德莱尔的论述），教给我们的是关于精神病的知识，而不是一部作品的审美价值。从其包含的意义来说，精神分析的解释是以健康的心理为标准，将健康的心理提到规范的地位，是根据对现实原则的接受还是拒绝来评价作品的，阿多诺作了这样的肯定："所有的艺术作品都像精神分析学醒了的梦"，"精神分析学把作品和材料混淆了"，因为"艺术家在生产过程中投射的东西，从来只是与作品相关的一种因素，很难说是一种决定的因素：语言、素材，尤其是产品本身拥有分析家们料想不到的特殊的比重"。

精神分析理论与唯心主义理论相比，只有"阐明艺术内部本身不属艺术的东西的长处"。它在揭示一部作品显现出的社会特点和社会特点中常常表现出的作者的特点时，提供了作品结构和社会结构之间的各种真体的中介因素。

确定中介就是艺术哲学的批评目标。后面我们将会看到，正如《新音乐哲学》和《论瓦格纳》所显示的那样，阿多诺对此极为重视。

精神分析的理论认为，人们通过主观标识本身的系统便可以辨析主观冲动的运动。其错误在于给艺术强加了外在的束缚。它和一种马克思主义的解释相矛盾，因为后者很关心给各种作品保留它们的客观标准、形式水准、批评推动力以及非心理现实的关系："艺术作品远非精神分析家想象的那样，是什么艺术家的反映和特性，精神分析家们只从艺术家的沙发床上认识艺术家……（艺术作品不应该充当同觉测验的材料）。"[①] 精神分析学将所有逃避现实性原则的活动都看作是病态，认为现实性不会有其他的建立在拒绝现实社会基础上的理性，不会有建立在对一个从野蛮中解放出来的世界的想象之上的理性，不会有建立在乌托邦之上的理性。

因此，精神分析法的批评很明显不是一种深刻的批评。治疗的特症并未受到非议：当精神分析的护理方法用于心理现象的辨证释疑时，其疗效是被承认的。异议很少针对作为弗洛伊德意义上的描述心理机制的精神分析法，而更多的是针对精神分析法在艺术领域内的运用。精神分析法将艺术家的生产归入纯主观的方面，即和曾经影响过"创造"机制的客观的外在因素相独立的方面。该理论和马克思主义的解释截然相反，后者力求阐明在主体之外的介于审美生产力和社会生产力之间的各种关系。

---

① 《审美理论》（T. E.），第20页。

阿多诺的批评，在其现实性上，表现了他对统治意识形态一体化的揭露。精神分析法分析的结论从来不是纯洁无瑕的，正如马尔库塞和海希所指出的那样，它们使现代工业社会的压迫和超压迫合法化，而不是再次控制这些压迫。它们趋向于把艺术家为想象而逃避现实原则的克己看作是病态、精神病患者压抑或升华的标志。这些解释的机械特点，使反动意识把所有可能对统治意识策划的秩序稍微持怀疑态度的作品，都看作是不平衡心理状态的流露。资产阶级意识将桀骜不驯的艺术家圈在不适应现代文明效益的"黑人区"，这样它就放心了。对它来说，艺术"创作"永远是神秘的，是和能够使自己问世的社会现实和生产力完全脱节的。

无可争议，阿多诺采用了马尔库塞所得出的结论，特别是《爱欲与文明》的结论，① 他也主张重读弗洛伊德，并且反对文化主义者和新弗洛伊德主义者的解释。《爱欲与文明》说明，只有对弗洛伊德错误的阅读才会在弗洛伊德那里得出一种承认现代文明施加给各种天性的命定特点的结论：其实，"弗洛伊德的心理玄学是一种旨在说明和讨论文明与野蛮、进步与痛苦、自由和不幸之间可怕的内在联系——最终显现为爱欲和死亡之间的联系的必然性。弗洛伊德是对文明持怀疑态度的，但不是从浪漫的或乌托邦的角度出发，而是从文明发展本身包含的痛苦和不幸的基础出发"。② 弗洛伊德的错误在于他把压迫的必然性和爱欲之间的冲突看成是不可抗拒的事情，在于他通过贫乏症为屈从现实性原则（在马尔库塞看来，该原则在先进的资本主义社会中变成了收益原则）的行为和抛弃趣味原则的做法辩解。马尔库塞、海希和阿多诺的各种论题都在乌托邦的现实可能性这个基本观点上合流：现代社会巨大的生活资料不会带来痛苦和压迫（或者超级压迫），本身包含着一种实际解放的可能性。在马尔库塞和海希③之后，阿多

---

① 马尔库塞《爱欲与文明》，子夜出版社1968年版。
② 马尔库塞《爱欲与文明》，子夜出版社1968年版，第28页。
③ 海希说："从我在社会卫生领域的工作开始之日，就深信，一般的文化幸福和特别的性幸福构成了生活的内容，应该成为整个社会实践事业的目的。一个时期，人们从各方面反驳我。然而，我在那时的发现对于对抗反对意见和抵抗困难都是相当重要的。所有的文学，从简单的小说到好诗，都证实过我的这个观点。文化趣味（电影、小说、诗歌等）通通围绕着性欲转，都是在肯定理想否定现实方面繁荣兴旺的。美的工业、摩登工业和广告工业是靠性特征谋生的。如果说全人类都追求爱的幸福，为什么这种生命的追求不能实现呢？"见海希《性高潮的功能》，阿舍出版社1952年版，第180页。

诺指出，这些资料证实了这一信念：即世界不会是地狱，而会成为天堂。因此，对现实性原则的崇拜不仅是"愚蠢的或者凭兴趣观点"，① 而且是西方意识形态借以成立的"收益原则"的一个保证："适应现实成了最高的善（Le summum bonnum）。现实提供了许多促使人逃避的原因……很明显，想象是一种逃避，不过不是完全的……于是，人们摧毁了受宽容的精神病式的、被交织进了社会分工中的艺术家的形象。在贝多芬或伦伯朗那样的非常杰出的艺术家那里，对现实的最敏锐的意识是与现实的异化相联系的：唯有这一点构成了与艺术心理学名称相符合的研究对象。艺术心理学应该辨读艺术作品，不仅应该把作品看作某种和艺术家相似的东西，而且也应该把作品看作'不相似'的东西，看作抵抗活动。"②

因此，阿多诺所宣扬的"完整的辩证法"也许是以揭示作品的这种实现另一种"世界的愿望为基本目的的，即揭示作为'无意识的纯主观的言语'的艺术作品的观念所不干的事情"。③

虽然阿多诺对精神分析学的批判明显是肤浅的，但他毕竟还是很正确地揭露了弗洛伊德学说模棱两可的特点，至少揭露了弗洛伊德在破译心理和解释冲动时刻的模棱两可性。事实上，正是在精神分析将要在欲望中发现其社会的批判意义——对一个无压迫性的世界的向往之时刻，它才能封闭自己的推理，将这种推理局限于个人身上。升华机制——里比多（libido，即性欲——译者注）的非性欲化，即"天真无邪"地涉足社会领域和一种能使后来的破译理解各种机制的密码设计，有助于解除欲望和掩盖艺术在原始状态时的反社会功能。④

---

① 《审美理论》（A. T.），第21页。
② 《审美理论》（A. T.），第21页。
③ 《审美理论》（A. T.），第22页。
④ 阿多诺反对美国流派的"修正主义者"，尤其是卡恩·豪奈（Karen Horney）。他在给弗洛伊德主持正义的同时，也不止一次地强调弗氏精神分析学的模棱两可性。他曾指出过："一方面，精神分析学把里比多当作真正的心理现实性，把满足当作积极的，把挫折当作消极的，因为后者导致了疾病。可是精神分析学还接受文明，即这种挫折的原因。如果说它不是无批判地兼收并蓄，至少也是弃权的接受。它以现实原则的名义为个人的心理牺牲辩解，而不对现实原则本身作理性的检查。"他还写道："精神分析法作为现存社会关系内部疗治的方法，它局限于要求病人适应社会，将病人带人劳动和这些社会关系内部的喜悦。可是与此同时，它不能避免接受以至强化某些满足的行为和方式。与里比多的理论——精神分析学说的中心点——相比较来评价上述那些满足的行为和方式的话，它们是一些令人怀疑的代用品。"

艺术享受和异化

这种对精神分析学的批判,其结果是对艺术享受理论和艺术乐趣的一种批判。实际上,精神分析学的解释和资产阶级意识在以下这一点上是共同的:作品是一种升华的产物,是作为一种平息曾经产生过它的那些矛盾的东西而构想出来的。艺术家拒绝屈服于现实原则,完全投入了乐趣的原则,从压抑着的冲动出发酝酿自己的作品。该作品作为幻想,可以说它变成了一种欲望的实现,作为人类心理活动的产物,它因之获得了与消费社会和"舒适文化财富"等其他产品所拥有的同样的身份,即对各种现存冲突的明显的否定。

由于放弃了社会批判的权利,作品在经验现实内失去了真正实践的所有特点,从而变成欲望的对象、消费的商品和对它的拥有权所引出的一种直接而短暂的幸福的许诺。淫秽的色情狂潮被西方社会的意识形态精心地编织到经济和政治领域,很清楚地表现出了一体化和缓解艺术和性欲的"革命"冲击的微妙机制。阿多诺的思想又一次和海希的论点趋于同一:"性谋杀和犯罪堕胎,青年人极度的性苦恼,儿童生机的戕害,大量的堕落行为,淫邪势力,贪婪而庸俗的商业和广告业,以及千百万精神和肉体疾病对人类关于爱的怀念的剥夺、孤独和普遍脱节,在这一切之上,还有人类未来的救星们神经病式的自吹自擂——所有这些事情很难被看作是文明的荣耀。"[1]

阿多诺很谨慎地运用"革命"一词。他认为这个词的意识形态味太重。我们将这个词用在艺术的社会实践方面,也只是因为作者想要表达用美好的社会取代行政化社会的意志。

海希把性压抑和为自己的特权着想的资产阶级的保守主义相连接。阿多诺也一样,他把关于艺术乐趣的讨价还价思想和统治意识形态的政策相结合。"那种宣称自己具体地享受到艺术作品的人是一个迂夫子"[2]。这种人重蹈的仍是资产阶级所有权的覆辙,要求艺术给他带来某种东西,特别是

---

[1] 海希《性高潮的功能》,阿舍出版社 1952 年版,第 182 页。
[2] 《审美理论》(A. T.),第 27 页。

一种直接的满足：就好像艺术——这种现实所拒绝给他的东西的代用品——很容易便和一种紧俏商品等同起来一样。

阿多诺从他称之为"艺术作品"不断精神化的东西中，尤其是从象征主义及其附属产物中，看到了艺术家们为摆脱商业化而作的一种努力。古希腊的裸体雕像在那时候既不是被当作"半裸体女人"，也不是被当作欲望的对象，这和今天的情况大相径庭。资产阶级保守主义超越了附庸风雅的圈子，正好指责某些现代艺术方式不再追求形象的再现。"现代派"艺术的精神化有时表现为返回古朴的形式，它是对资产阶级占有化和商业化的反动。

这样，阿多诺就说明了爱因斯特和马松是怎样用形式的法则和改变对象的理论来适应与艺术市场相区别的意志。① 本杰明也以同样的方式解释过达达主义者的过火行为，即为什么他们既不把自己的作品用于出卖的目的，也不给艺术爱好者们提供。②

因此，对阿多诺来说，对乐趣或审美享受原则的批判，不是对康德、黑格尔或弗洛伊德唯心主义的简单的批判。③ 批判的重点尚待选择，因为所有的艺术实践都局限于既让人喜欢又必须指控异化的原则。而在今天，则必须二者选一。这样，对资本主义社会及其意识形态和道德的批判，就通过激烈地揭露统治意识形态，将艺术一体化的种种形式表现出来。

---

① 《审美理论》（A. T.），第 380 页。
② 瓦尔特·本杰明《诗与革命》，德诺埃尔出版社 1971 年版，第 203 页。
③ 《审美理论》（A. T.），第 25 页。

第三章 艺术作品和行政化

第一节　文化工业[1]

阿多诺首次用"文化工业"这个术语来说明，为了商业的目的对"文化财富"进行的系统而有程序的开发。

舆论工具按照收益的规范，按照标准化和与资本主义分工相一致的劳动分工规范，用工业的方法制作文化元件。这样，文化工业和工业领域反映的是同样的关系和矛盾。其深刻的差别在于，文化工业作为统治意识形态的同谋所起的作用是，使可能的冲突，尤其是来自文化策源地的冲突变成清一色的对什么都无伤害的东西。人们目睹的正是艺术被不断地编入资本主义文化工业领域的现状。当人们把作品降低到遵从供求规律的商品的水平，并让艺术进入生产—消费的循环圈子时，不仅将艺术"庸俗化"，使其失去神圣的特性，而且剥夺了它在传统的文化艺术领域所有的、仅有的和微薄的反抗意念。可以说，艺术只得变成业余爱好者"可触摸的"和可接受的东西，而业余爱好者则再不能感受到艺术是与他所经受的生活不同的另一种美好生活的表达。虽然从本义上说，艺术是不能消费的，但是，艺术和业余爱好者的关系就像是奢侈品和消费者的关系一样。在生产过剩的社会中，产品存在的理由不再表现为生存的必需，艺术品很容易被看作一种多余之物，就像是奢侈用品一样。奇怪的是在这种情况下，有可能通过一种向古风崇拜的倒退，给艺术保留一种相对的独立性。艺术，尤其是现代艺术，作为消费的许诺被人们所接受，尽管它并不是真正的"被消费"。这样，业余爱好者和艺术对象之间的关系完全颠倒了。"消费者"可以随心所欲地将自己的情感和拟态的残余抛射给社会提供给他的东西上。阿多诺影射的是黑格尔所说的"对对象的自由"。尽管如此，看、听、读作

---

[1] 参阅本书索引部分。

品的主体还是要忘我，不涉利害。今天，作品成了小资产者欲望的猎物，他们期待作品带给他们某种东西。艺术作品成了能填饱这种欲望的"东西"：它是作为需求才被人们感觉到它的存在。从艺术满足了社会需要意义上讲，它变成了一种被利润所左右的一石二鸟的企业，因为它既维持了现状，又能满足消费者那里不断产生和调节着的永恒的需求。消费者甚至不再意识到，在这个虚假的整体性中，真正的满足已不可能存在了。用于意识形态目的的经济开发的结果确实促进了阿多诺所说的艺术的反审美化（Entkunstung）①的状况。

在考察这个概念之前，我们想指出，阿多诺并没有完全将自己的思路推到底。事实上，如果说作品是小资产者欲望的猎物，它同时也是他们的欲望的来源。一方面，资产阶级意识通过艺术给自己塑造一种反映他们的冠冕堂皇的形象，以此作为他们不涉利害、自由等特征的对象化。他们在其中理想化地肯定自己——他们爱这样自我肯定。从某种意义上说，他们希望艺术表现他们在实际中无法实现的价值和理想。从另一方面来看，作品的内容在质的角度制造了小资产者的欲望，提供了他们需要的形象。欲望本身是一种阶级的产物。

第二节　艺术的反审美化②

艺术的反审美化（Entkunstung），即艺术失掉了艺术特性。它是在现代社会里出现的"触摸激情"的一种直接后果。过去的艺术是横亘于艺术与社会之间的深渊，是社会劳动分工的佐证，至少它还有躲避取消审美对象和观众之间的距离所代表的假和谐的优越性。正如马尔库塞非常正确地指出的那样："文化特长表明自由是不正义的，它还表明了意识形态和现实之

---

① 参阅本书索引部分。
② 参阅本书索引部分。

间的矛盾，表明了精神生产和物质生产之间的鸿沟；但是它也建立起了一个封闭的圈子，被禁忌的真实在那里可以远离压抑自己的社会而以一种抽象的完整性而存在。"① 因此，赋予作品一种商品的价值和它"靠拢"观众的事实直接相连。马尔库塞也看到："如果大多数人都能够仅仅靠按电钮或走进杂货店就可以利用艺术，那当然是件好事情。但是通过这样的传播，所有的艺术都变成了重新模压自己的内容的文化机器的齿轮。艺术的距离和其他否定的方式在工艺理性不可逆转的进程面前，变得越来越模糊了。"② 缩短距离最先出现的效果就是竖起了一种根植于欲望之上的关系，在这种欲望中，功用概念因社会的超产而减弱，并且给占有所引起的享受和影响作了让步。阿多诺在观众和被观照之物的关系的颠倒中看到了马尔库塞所未看到的后果：消费者获得一部作品，是希望作品给他提供作品以外的东西……他希望让作品和自己一样，而不愿意把自己同化入作品中。③ 作为物中之物，作品成了业余爱好者的心理载体。很明显，由文化工业控制的"亲近性"如果不比过去的艺术与现实之间的分歧更虚假的话，至少也与后者同样虚假。因为传统的作品通过它所提供的与经验现实之间的引人入胜的对比和它的孤立本身，曾强烈地表达过对经验现实的拒绝。被一体化了的现代作品就不再是这种情况了。

"艺术的反审美化"（Entkunstung）从本质上说，是一个贬义的概念。这个概念意味着艺术的退化和堕落，意味着艺术自己丢失了它之所以为它的特性。法语中没有任何词能准确地翻译这个德语概念。这个术语表达了不可补救的事。不过，人们总在想，从阿多诺的激进主义态度来说，他运用艺术的 Entkunstung 这个术语，也许是在或明或暗地参照一种"理想"的艺术，以此来保护艺术中仍然有可能被挽救的东西。

德语的 Kunst wird entkunstet 第一次被运用在《三棱镜：文化批判和社会》（1955）的一个章节中。这本书是专论美国爵士音乐的成就，阿多诺极其猛烈地揭露了这种音乐对青年人和商业经营的影响。他的指控更多的是关于爵士音乐被操纵和利用，而很少关于该音乐本身。虽然他的批判局限

---

① 马尔库塞《单向度的人》，子夜出版社 1970 年版，第 98 页。
② 马尔库塞《单向度的人》，子夜出版社 1970 年版，第 99 页。
③ 《审美理论》（A. T.），第 33 页。

在非常具体的方面，而且相对来说还从现象上得到了论证，然而还应该提出这样的问题：他的谴责是否真的没有超出范围，从而落在与他的标准不适应的一种艺术活动的总体上。他认为爵士音乐是针对"艺术的假清算人"。这也许主要不是因为该音乐的"适应性"，而是因为它和阿多诺想象的艺术的根本特点——无功利性——不一致。可是，爵士音乐是有用的，阿多诺将爵士音乐解释为对那些没有其他方法表达自己的痛苦者的一种鼓舞和安慰。然而，也正是在这里，阿多诺拒绝看到自身中的其他东西，诸如实际上受剥削，尤其是少数反抗者们专门的艺术表达的唯一方式。对这些人来说，爵士音乐就像自然之歌。这些经常闪现在阿多诺思想中的暗点——我们将会看到这些暗点也构成了阿多诺辩证法的一些漏洞——来源于他对整体虚假的公设。他从这里得出的结论是，现实社会的常态是欺骗，它代表了从整体的各种关系中表现出的彻底的异化。从整体中释出的所有的东西只能是虚假的，永远不是真实的象征。

第三节　艺术家和生产力

人与自然和人与人的关系被征服自然和意识形态统治从根本上变坏。在这样的社会中，一切都是虚假的。征服自然和意识形态统治的动力是一种占有欲，它是随着科技进步不断更新，并且被文化工业科层化了的社会周密地控制着。在商品世界中不可避免的物化和在意识形态机制中无可逃遁的"回收"，构成了一个密封的围猎区（阿多诺的用语是 Geschlossenheit，即统一体）。在那里，任何解说的企图都注定要失败。如果说无论如何总还有一条解救的生路的话，那么在阿多诺看来，这条路只能是艺术了。《审美理论》的功绩之一就在于它赋予艺术以某种救世功能的意义。除此之外，人们是无法理解艺术活动中所维系的一种神圣的形式的。实际上，艺术活动在社会中拥有一种特殊身份。尽管它（作为劳动"技术"是社会劳动分工的标志）和整个生产力相连，但是仍然保留一点神圣化的残余，比方说古代的遗风，文化的或神学的回忆，使它和科技活动区别开来。它享受一种特权。技术的对象，或者说科学实验，从问世那天起就载入了不断演变的背景之中，而该背景神奇的特点再也不能使人惊奇，更何况既不能令人感到刺激，也不能令人感到震怒。科学的真相如此大白，人们期待它取得成就，即使这些成就不能用一种精确的方式预料。科学的进步似乎是"不言而喻"的，因为从总的方面来说，它还是均匀的。

艺术作品则与此不同。阿多诺反对直线艺术史观："给艺术进步一个总评价是困难的，困难在于它和它的历史结构连在一起，而它的历史结构不是均匀的。"①

艺术史充其量不过是一定数量的渐进的系列构成的，其间必然存在一个断代。阿多诺指责传统的唯心主义美学企图让人相信统一性，让人相信"作为意识形态的金锁链的精神的传统"。② 艺术因为有"社会事物"和"自律"的二重性，所以和技术大不相同。它不得不承受与"自律"相矛盾的社会压力。阿多诺认为，在艺术的社会性践踏自律性的地方，在艺术的内在性明显和社会关系相矛盾的地方，自律就成了受害者，与自律一起受害的常常还有连贯性。在连贯性中断的地方，生产关系就占了生产力的上风。尽管如此，艺术还得或者不得不确切地表现生产关系和生产力之间的和谐，而不是表现它们的对立。艺术的"真实性"取决于这一点，它的自律性亦然。只有自主的艺术才是真正的艺术，在过去的艺术中，唯有懂得争取自律的作品才是真正的作品：艺术史只能参照与个别作品的表现相反的总体社会倾向来考察。唯心主义的观点是错误的，因为它们想象艺术史的形式是一系列赓续的杰作，每一部作品与前者相比都是一个进步。阿多诺采用一种与生产力状况相连的材料内部的进步，以及对材料的驾驭和制作的方式取代连续性。人们记得，这些概念构成了阿多诺在《新音乐哲学》中推理的基础。用马克思主义的术语来说，艺术家是这样的人，他和使人异化的活动相对立，将其作品的批判因素"对象化"，他本人也是生产力状况的功能。

---

① 《审美理论》（A. T.），第 310 页。
② 《审美理论》（A. T.），第 312 页。

在这一点上，有两篇文字很能说明阿多诺的立场，这里，我们摘引最有启发性的几段："一首诗的内容不仅仅是个人激情和经验的表现。恰恰相反，全靠定型了的审美存在的规定，个人经验才能融入共性之中，只有在这时，个性经验才能成为真正艺术的……（诗中的）共性并非大家的意志，并不是其他人正好没能力联系的那种东西的联系。但是，沉入个性之中同样可以将抒情诗提高到共性的水平。（然而）这种抒情内容的共性从本质上来说是社会性的……艺术作品仅仅是在让意识形态遮盖了的东西说话时才获得其伟大意义。抒情诗的要求包含着一种对社会现状的抗议，个体感觉到的这种社会状况就像某种敌对的东西，冷漠的局外的东西，压迫性的东西。这种状态否定地表现在作品中。"[1]

阿多诺驱除了可能从唯心主义对艺术"主体"的平反中产生出来的模棱两可性。艺术家是创造者，同样也是代表人。[2] 艺术家作为统治者，也是社会总倾向和总主体的代表，即艺术和社会现实之间的必要的媒介。为了自我表现，他在供自己选择的材料中作选择，要么选择一种恰当的语言，要么选择虚假意识的语言。

对阿多诺来说，主体的情绪有待于某种客观的东西的出现。这种客观的东西只不过是生产力的展现。艺术和社会共同拥有生产力的展现，但与此同时，艺术以其批判的因素和生产力的展现相对垒。

因此，进步意识成了虚假意识的反题，是通过现有材料来超越这些现状的。自发性在过去和多少有点神赐性的天才观念有联系，但和墨守成规的老生常谈相反，它表明了技艺过程的不断超越。这完全符合马克思如下的论述，不过阿多诺用于自己的意图："每个时代只能解决该时代提出的问题……"[3] 实际上，审美生产力、天才，都是不断增长的，可以说他们通过第二自然和技术的状况对应，通过一种第二拟态使技术现状向前延伸。[4] 因此，真实内容的历史性并不像阿多诺所说的"资产阶级的陈腔滥调"那么

---

[1] 阿多诺《论文学》（Noten zur Literatur），苏尔康出版社1965年版，第175页。
[2] 阿多诺在其《声音的形象·音乐研究》一文中指出："作曲的主体不是个体，相反，这个主体是集体。所有的音乐，即使其风格是个人的，仍然无可争议地拥有集体内容，独音已是一个'我们'。"
[3] 《审美理论》（A.T.），第287页。
[4] 《审美理论》（A.T.），第287页。

简单。因为久而久之，历史就根据这些"陈腔滥调"评价一部作品的价值："在历史的评价中，统治、占统治地位的观察方法和作品的真实相交叉……在现实的历史中，不仅压迫在增长，与作品的真实内容相关的自由的可能性亦在增长。一部作品的长处，形式水平、内在结构通常只有在材料老化、人们对外表的令人难忘的特征已感觉迟钝时，才能得到承认。总之，只有像柏辽兹这样的比贝多芬年轻的作曲家及其粗糙的效果超过《英雄交响曲》的业绩时，贝多芬才会被理解为作曲家。"① 阿多诺是针对一种历史观而批判的，这种历史观以维尔特洛夫（Weltlauf）的宇宙长河的方式片面地想象艺术的历史，是对生产力和生产关系之间现实存在的辩证法的否定。这种历史观在这方面充当了统治的同谋，就像某些所谓的马克思主义理论一样，糊涂地充当着统治的同谋而不自知。如果说生产关系适应生产力及其发展状况，那它们也不同步。阿多诺实际上依据的是马克思所说的基本规律，"法兰克福学派"的大多数代表人物都忠实于这条规律，即生产关系和生产力状况之间辩证的而非形而上学的相互适应的规律。生产力作为积极的潜能，从本质上来说是有活力的，是能够单独导致生产关系和生产方式的决定性变化的，尤其是当生产关系和生产方式最终建立起压迫性的"结构"，从而束缚生产力现实解放的时候是这样。"人类只提出自己能够解决的问题"意味着，这些问题只有在规定该解决办法的客观因素已经包含在自身时才成为问题。阿多诺的辩证法主要想说明，真正的意识是包含在生产力运动中的意识的运动，后者或朝着历史演变的方向发展，或开倒车。事实上，变化本身也应按辩证的方式来理解。

现代艺术的模棱两可性，正是在这种变化的矛盾特点中存在。该特点缓和的一面掩盖了生产力和生产关系的矛盾，做了意识形态的同谋。它将以上矛盾用一块神秘的面纱遮盖起来，而没有看到它其实将这些矛盾恶化了。与之相反，该特点激进的一面竭力调和并超越以上矛盾，朝着改造客观现实的方面发展。

艺术作品的真实内容是历史的无意识的誊写。从作品是真正的意识的对象这种意义上说，它是历史的："这种意识不是'时间中存在'的一片波

---

① 《审美理论》（A. T.），第291页。

涛：后者说明的是世界的流程，而流程不是真理的展现。从自由的潜能出现以来，真正的意识更应该是可调解社会中的矛盾的进步意识。"①

想掩饰阿多诺在这里所用概念的不确切性、抽象性和唯心主义的回声是徒劳的。社会倾向、真正的意识和调和等概念，与现实统治总体虚伪的思想相连。虚伪既来自对作为材料的自然的统治，也来自对个体的统治。在生产关系的发展方向——单向性和唯有生产力能够打破现状的确定性之间是否真的不存在矛盾？如果生产力的解放发生在僵化的现实社会里，怎么能够看到调和呢？

尽管阿多诺让人们隐隐约约地看到了艺术家使用现代材料的可能性，并且不是在适应的意义上，而是在技术提供的材料和技术本身之间，在科学现实和艺术设计之间，在世界和艺术之间建立某种转机、某种变动，但是他一点儿也没有超脱软弱无力的理论上揭露的阶段，他是自己的苛刻要求的受害者。

第四节 生产力

阿多诺经常受到本杰明关于艺术作品分析的启发，但是他以更加确切和中肯的方式深化了外审美生产力和内审美进步的辩证关系。在揭露行政化社会方面，他特别致力于揭示现代艺术让人不愉快的原因。

现代艺术经常受到阿多诺所说的与现代趣味密切相关的时代精神的威胁。混淆现代艺术和现代趣味，就是对解放生产力的无知，对生产力与生产关系的冲突的无知："这样一种现代艺术比宽泛的现代口味更强的事实……在于生产力的解放。从社会角度来看，它是由它和生产关系之间的冲突所决定的，而从审美的范畴来看，是因为它排除了已枯竭并被超越了

---

① 《审美理论》（A.T.），第 285 页。

的技术程序。"① 本杰明所没有看到的东西,正是"技术概念中的对抗性。技术概念作为某种从审美的范畴规定了的东西,作为艺术作品外部展开的东西,不应该被人们用绝对的方法去思考:它有历史性的起源,而且也是会消失的"。②

本杰明指出,用现代传播手段大量地复制艺术作品,导致了"在文化遗产中对传统因素的清除"。这种现象在电影领域显得尤其明显。"艺术的安全化"促使过去曾经是真实性因素的"神韵"的丧失。然而,在阿多诺看来,本杰明的错误在于荒唐地强调了"神韵"特征和工艺特征之间的差别,在于他不承认技术概念内部的对抗性是能够消除的,还在于他没有千方百计地协调生产力的现状和生产关系。"纯"艺术作品和工艺品之间的二分法并不能自圆其说,"神韵"特征和工艺特征之间的区别只能导致一些习惯做法。本杰明认为,一部作品的"神韵",它的"此地和此时"是现代技术的受害者:"在复制生产技术的时代,作品中受害的东西正是'神韵'。"③ 于是,真实性这个极其模棱两可的概念就出现了。一方面,真实性的概念过去和现在都和艺术的商业化连在一起。④ 另一方面,它同时也在复制生产方法的影响下趋于消亡:"从摄影台上,人们可以抽去大量的照片:要问哪一张是真实的,那是荒谬的。而一旦真实性的标准再不能用于艺术生产,艺术的所有功能就搅乱了。它不再落脚在惯例上,而是建立在另外的一种实践形式——政治上。"⑤

说实在的,阿多诺并不反对后一点。他首先注意到了"神韵"的丧失,"那么亲近的一个疏远的人仅有的一次露面",⑥ 将本杰明囿于对令人遗憾的状况的怀念之中。

本杰明对"神韵"之作和工艺品的区分,有可能强化资产阶级和反动

---

① 《审美理论》(A. T.),第 58 页。
② 《审美理论》(A. T.),第 57 页。
③ 本杰明《照明》,苏尔康出版社 1961 年版,第 176 页。
④ 本杰明《照明》,苏尔康出版社 1961 年版,第 175 页。
⑤ 本杰明《照明》,苏尔康出版社 1961 年版,第 181 页。本杰明揭示了法西斯主义、后音话同配技术(有声电影)与保护所有制地位的各种方式。此外他还解释了惯例向政治领域的移植:"这种发明在增强大众的电影趣味的同时,尤其是将来源于电力工业的资本和新工业的资本连成一片之时,就给他们(资本家)带来了暂时的轻松。"
⑥ 本杰明《照明》,苏尔康出版社 1961 年版,第 178 页。

派的态度,后者将艺术圈入不可企及的领域,并否定生产力的统一性和激烈性。不懂得这一点,就必然会导致对很容易被统治意识形态回收的"温和"艺术的承认。可是,"现代艺术应该站在大工业的高度,而不要仅仅是利用大工业。它的行为和形式用语应自发地对客观局势作出反应"。① 无论如何不能使这种自发的反应本身变成禁条中的一种规范或一种准则。阿多诺的辩证法过分钻牛角尖,所以,可以说,他掉进了自己布下的陷阱。生产力的解放是不间断的运动,它不允许和自发性的概念本身明显地矛盾的这样一种固定化。此外,现代艺术的组成因素,是"以物质生产及其组织的最进步的方式,在不局限于它们当初出现的范围的事实中汲取力量"。② 因此,在阿多诺看来,这就为对现代的复制生产方式感兴趣的人类学留下了一席之地。现代的复制生产方式的影响一直渗透到了主观经验的"不受怀疑的领域"。

第五节 "激进的艺术"和技术

阿多诺很注意把艺术作品和社会劳动产品的艺术品——工艺品区别开来。因为艺术作品是与外部世界隔离的并封闭在自律王国中的,在重新否定了经验的经验现实时,与经验的经验联系起来。然而,审美生产力和功利劳动生产力是一回事,追求的是同样的目的,所不同的是艺术以审美的形式来表达当时的社会现实无法解决的对抗,这些对抗又重新相聚在作品的形式中,从某些方面来说,构成了整个内容概念之外的"内在问题"。所以,成功的艺术作品是矛盾张力之中的形式的平衡。它是对一个问题的临时的解决,无论如何不能堕入本杰明所揭露过的将艺术有意和经验的现实

---

① 《审美理论》(A.T.),第57页。
② 《审美理论》(A.T.),第58页。

存在分割的,"为艺术而艺术"的形式主义的过激行为中去。① 官方的和反动的文化政策及其作用是要否定内、外审美生产力之间的同一性,就像它要否定社会现实内部对抗性矛盾的存在一样。因而,现代主义概念的糊涂性,主要在于拒绝承认自己作为贯穿危机的现实经验,即拒绝承认该经验是能够吸收工业化的产品的:"艺术只有作为危机的表现,并在经验的过程中吸收了工业化和统治生产关系所产生的东西,才能说是现代的。"统治意识形态用来摆脱现代主义艺术的手法之一,就是将现代主义和"现代趣味"混为一谈。阿多诺知道资产阶级精神的诡计。这种精神同意与某种坚决的现代派艺术为伍,条件是后者要避免用挑衅性的形式刺激它。温和的现代派艺术或多或少是以"荒诞"的东西进入生产—消费的关系中的。但是,这样的艺术本身作茧自缚,因为它简单而纯粹地否定了解放生产力的激烈手段以及由之引起的社会对抗。阿多诺终于将"温和的"现代派艺术和"激进的"现代派艺术对立起来。从社会的角度来看,"激进的"现代派艺术不仅把生产关系的冲突作为中介,而且——从内在的审美角度来看——又有排除从技术上来说不适应现实工艺水平的生产方法的倾向。"所有的重要的艺术作品都趋向于消除一切达不到该时代新技术水平的东西。"② 与温和的现代艺术的和解态度相对立的,是"有文化的人物们的仇恨,他们从激进的现代艺术中感受到对过去"或对现实社会中的生产力状况苟且的一切东西的"很大的破坏力"。从这种意义上来说,真正的现代派艺术应是激烈地抨击解体中的资产阶级文化的艺术,应是用激进的新形式不使资产阶级意识在接近一个已知之物的过程中汲取到舒适或慰藉的艺术。阿多诺认为,唯有"某一天经历劫难并有劫后余生的机缘的作品——因为这种机缘是存在的——才是真正的作品"。③

一种谨小慎微的现代艺术对自己是不能彻底的。它应该彻底地吸收具

---

① 本杰明《诗与革命》,德诺埃尔出版社 1971 年版,第 180 页。当第一个真正革命性的复制技术——当代摄影本身也是社会主义初露头角时的产物——出现的时候,艺术家们已预感到一场危机要来临了。一百年过去了,任何人也不能否认这一点。艺术家当时把宣传"为艺术而艺术",即艺术的神学作为自己的反应。这种学说直接导入了一种否定的神学:实际上,人们最终设想出一种"纯粹"的艺术。它不仅拒绝起任何主要的作用,而且拒绝屈从客观的计划一向要强加给它的那些条件。
② 《审美理论》(A.T.),第 58 页。
③ 《审美理论》(A.T.),第 59 页。

有物质生产和审美生产交合条件的工业产品。与之相反,一种激进的现代艺术是革命的艺术,因为这种"革命"简单地包含在表现与生产力状况和工艺改善水平有关的客观情况中。这并非是使世界走向毁灭的虚假理性和审美理性之间的速度竞赛,[①] 而是一劳永逸地承认:一种现代艺术,或者一种自称为现代艺术而又无能力适应技术现状的艺术,放慢了审美理性的进程,与经验世界绝缘,[②] 不顾已取得的成就,全力以赴地投入了传统主义。承认这点就足够了。不过,阿多诺将"传统主义"既用于过去的作品,又用于温和的现代作品,这个词表达出一种对传统形式的浪漫而又颓废的怀念。

很明显,阿多诺考虑过以一种线型的、连贯的和单方面的艺术史告终的问题。他思考过:"一部作品是另一部作品致命的敌人。"如果人们留心一下的话,这句他引证了好多次的话会被人们作出很笨拙的解释。

根据他最新近的态度——虽然他没有将这一态度发展到底——来看,阿多诺认为"真正"的作品解决了先前的重要作品曾经碰到过的困难和阻力。这些先前的作品在各自失败之处,同时留下了曾经对酝酿作品起过作用的材料和技术手段不足的痕迹。追求真实性的新作品必然也是"刺激性的",因为它与生产力发展的新阶段相适应。

现代"创作"在承受旧作遗痕的同时,打破了历史的连续性。每个"裂缝"都和阿多诺所说的作品的批判特点相对应。但是,如果新作品克服了旧作品失败的原因,那它就不仅是对旧作的补充,而且也取代了旧作,消灭了旧作,它本身成了面向未来的思考:"艺术史的统一性是特定的否定性辩证法的形象。"[③] 因此,阿多诺把艺术经验看作不可或缺的东西,即使这些经验似乎失败了,或者真的失败了;冒险的必要性在实验性的观念中实现自己。而实验的观念同时将材料的可用性移向艺术,以便反对科学的、有机的无意识程序的复现表象。[④] 既成文化和生产力现状之间的鸿沟已经到了这种地步,致使阿多诺从生产力出发而不是从生产关系出发来为所有的

---

① 《审美理论》(A. T.),第 59 页。
② 《审美理论》(A. T.),第 59 页。
③ 《审美理论》(A. T.),第 60 页。
④ 《审美理论》(A. T.),第 63 页。

尝试，甚至是大胆的尝试辩护。"由主体组建的艺术作品无论好坏，有能力实现无主体的社会所不干的事情"，这种模棱两可的思考应从以下意义去理解：在单向性和科层化的社会中，首席权应该给予生产力："内审美的进步，尤其是技术的进步和审美生产力密切相关。有时，从审美领域释放出的生产力代表了生产关系所阻挠的对生产力的解放。"① 很明显，阿多诺的基本思想在这里和本杰明的论点是吻合的。本杰明在论及文艺作品的"神韵"的章节，借用了安德烈·布莱图的以下观点来说明自己的思想："艺术作品只有在它触动了对未来的反应的意义上讲，才有价值。"布莱图还说："每一种艺术形式的历史包含着一些批判的时代。这种艺术形式趋向于在那里产生一些只有技术水平变化后才能自由地获得的效果，也就是说通过一种新的艺术形式获得这些效果。因此，在所谓的没落时代表现出的那些怪诞和极端的行为，实际上产生于在艺术内部构成最丰富的核心力量的东西。"② 可以说，技术准备了一个铸造模，在一定的时刻，艺术作品在其中熔铸。在某种意义上讲，技术为酝酿新的审美形式准备了必不可少的材料。温和的艺术作品拒绝承认与生产力发展相连的材料的成熟过程，有意识地"向落后的方向倒退"，在那里，它庇护着资产阶级的保守主义。每一种质量全新的作品都将来龙去脉留在材料和制作方式上面。而每一道来龙去脉实际上都是失败的痕迹，它使后来的新作也能作为现代作品自我肯定。因此，低估技术材料的成熟过程就会使作品失去批判的能力。

无论如何，本杰明的理论和阿多诺的理论是有差别的，差别在于前者对艺术理性和技术理性的相互作用是从它们在大众身上表现出的效果和要求来设想的："在过去，艺术的基本任务之一一直是为了在一段时间内激起一种需求，而这种需求在一个时期还不能成熟到足以得到满足的地步。"③ 阿多诺也不否认这种思考，但他拒绝接受解释这种思考的原则。本杰明并没有解决技术材料的成熟过程是如何被主体中介化、反思以及外化在作品中的问题。什么时候工艺理性和审美理性进行接触？什么时候观众能够接受因工艺改革酝酿出的艺术的新形式？本身受制于工艺改革的观众如何才

---

① 《审美理论》(A.T.)，第57页。
② 瓦尔特·本杰明《诗与革命》，德诺埃尔出版社1971年版，第202页。
③ 瓦尔特·本杰明《诗与革命》，德诺埃尔出版社1971年版，第201页。

能意识到新型产品？最后，从什么时候起，艺术家才能感觉到以全新的方式来表达的合适时机？本杰明关于"演变中的三条线"的交汇，阐述了一种现象，但却没有加以解释："首先，技术为一种特定的艺术形式的出现做着艰苦的准备。在电影问世前，人们就知道集结照片。在拇指的推动下，这些照片在眼前快速地依次闪现，给人们造成了拳击或网球比赛的画面……其次，在一定的发展阶段，传统的艺术形式艰巨地工作才取得的效果，而在之后不久，新的艺术形式可以毫不费力地获得。在电影走红以前，达达主义者们为了表现自己，千方百计地给观众引荐一种运动，后来卓别林轻而易举地掀起了这个运动。最后，一些常常是不太引人注目的社会改造，在感知领域推动了有利于新的艺术形式的变化。"①

对于第三点——冲击论，本杰明虽然是提出者，但并未深入说明。然而冲击论在阿多诺那里得到扩展，成为对20世纪人的心理分析或人类学解释的纲要。无论如何，《审美理论》在1930—1935年给本杰明提供了一种不可思议的马克思主义的解释，同时也超越了本杰明的论点。本杰明指出过，在"波德莱尔的一些题材"中，②某些新技术的发明是怎样极大地改变了人类的感觉。从火柴到电话，中间还有摄影器材，人们目睹了使个体的精神受创的经验。单单一个动作"就可以启动一连串几乎是无休止的极其复杂的过程"。③"大城市中看小广告的读者，或穿越十字路口的行人"，所遵循的光学经验，比"触觉"经验更具有决定意义。与机器纠缠在一起的工人也是如此："不熟练的劳动者在通过机器所进行的训练中，有一种深刻的失去尊严感。他的工作变成经验不能渗透的东西。在他那里，没有练习的权利。一套牵引车和电动撞击车以及其他类似的玩具所展现的东西，只不过是使工人服从工厂的训练样品而已。"④ 在个体那里，这些冲击决定着他的行为方式，而个体的行为方式逐渐趋于适应不得不随之演变的环境。这些行为方式引起了一些几乎是生物的需要："提供冲击效果的需要，是人对威胁自己的那些危险的适应。"⑤ 毫无疑问，本杰明在现代资本主义社会

---

① 瓦尔特·本杰明《诗与革命》，德诺埃尔出版社1971年版，第202页。
② 瓦尔特·本杰明《诗与革命》，德诺埃尔出版社1971年版，第225页。
③ 瓦尔特·本杰明《诗与革命》，德诺埃尔出版社1971年版，第253页。
④ 瓦尔特·本杰明《诗与革命》，德诺埃尔出版社1971年版，第253页。
⑤ 瓦尔特·本杰明《诗与革命》，德诺埃尔出版社1971年版，第204页。

的技术改造和审美感知的变化之间，建立起了一种紧密的关系，但是，他没有能够像阿多诺那样，在"冲击"中看到一种拒绝。阿多诺把所有的"心理创伤"都看作是在生产力和生产关系矛盾影响下从现实世界中醒悟的象征。如果说冲击的需要被个体感到是一种适应现代社会的形式，冲击本身就获得了系统训练后的一种亲切感，就既不再被感到是一种心理创伤，也不被感到是压迫性的和使人异化的现实的烙印。冲击保留着它的批判的和论战的焦点。在这个点上，它不再受一个有组织的整体的束缚，不再受一种在作品中表现为外在极权压迫的"反映"的压迫性形式的束缚。在阿多诺所描述的行政化的世界和马尔库塞所说的单向性社会之间，是没有本质上的差别的。对马尔库塞来说，封闭的社会的单向性有两种结果：一方面，在资本主义初期几个阶段内，对立的力量和利益在一个它们与之对抗的体系内积累。另一方面，"人类天性的行政化的和有条不紊的动员……从社会方面使无意识的爆炸性的和反社会的因素，变得可管理和可利用"。①

在阿多诺看来，极权主义在艺术中的表现，是它企图一劳永逸地给艺术在社会中指定一个位置："随着各种文化领域的组织的进步，想给艺术在社会中指定一个位置的欲望也在增长，理论上和实践上都是如此。"组织技术的扩展导致了自身和"科学的调查设备及类似的东西的融合"，这就使行政化的工作更加容易。阿多诺经常影射科学，特别是社会科学和统治意识形态串通一气。他对科学和意识形态互相勾结的揭发，可以看作是他的一个基本论点，虽然这一论点并没有使他的理论得到系统发展。

---

① 马尔库塞《单向度的人》，子夜出版社1970年版，第7页。

第四章　面对一体化的现代派艺术

第一节　现代主义的模糊性

现代派艺术的否定性及其不可抗拒的特点

"现存的东西不会是真实的……"① 这句话是马尔库塞从爱因斯特·布洛赫那里借来的。布洛赫用它来揭露极权世界的工艺理性。这个观点也给阿多诺理论提供了基础的论点。他们三人在这一点上是一致的。将这个论点用于美学领域，就可以阐明文艺作品的二重性，即文艺作品既是分裂的，同时也是和解的语言。

因此，现代派艺术的模棱两可性，确切地说明艺术注定要以这样的方式存在。他表达的痛苦只有在一个解放了的社会中才能终止。只要虚假的需求和虚假的建制存在，只要官方文化占压倒性优势，现代派艺术只能是没落和不幸的表现。

总之，阿多诺有时像迷宫式的辩证法，不允许将艺术是"痛苦的语言"这一定义，看作是对黑格尔型的文化悲观主义的一种辩解，而现代派艺术的敌对者们则对黑格尔的文化悲观主义趋之若鹜。现代主义的否定性为自身奠定了真实性的基础。艺术所表现的经验现实的东西，正是经验现实抛弃的东西——"受压抑者"。"令人难受"的艺术损伤了反动的意识，但是并不伤害支持自己的人。因此，新艺术的敌人满腹怨恨地揭发现代艺术的否定性：正如阿多诺所说的那样，人们"用比歌功颂德者要正确得多的直觉"来作出反应。② 然而，这种仇恨对新艺术来说既不是千夫所指的反应，也不是最危险的反应。反动意识指旧为新所凭借的"一切早已如此"的论

---

① 马尔库塞《单向度的人》，子夜出版社 1968 年版，第 168 页。
② 《审美理论》（A.T.），第 35 页。

点，是更为有害的，① 因为，它从现代主义的科学特点旁边滑过，趋向于否定它和现实世界的对立："不可否认，如果不把精神现象由新到旧地表达出来，一种命定论就和精神现象的不可解释性难解难分。但是，这里恰好是一种背叛。反思有义务纠正这种背叛，有义务阐明新旧作品之间的相似关系中的差异。"② 因而，阿多诺认为，从比较方式中显出来的东西，从历史领域的深层突出来的东西，正是他不止一次地称之为"现代艺术的不可抗拒性"，正是现代艺术和艺术所陌生的、格格不入的、简单的感性需要不相适应的事实："在看过贝克特的一出戏之后，再看一出当代戏剧，就足以明白新东西没必要为评判而评判。"③ 现代艺术的材料所起的变化——这里是指语言的摧毁——表现了世界的崩溃，这样的艺术是不可抗拒的："贝克特的小说揭示了我们时代的真面目。"④ 这种不可抗拒性是衡量现代主义不可逆转的特点的尺度，现代主义对传统的态度是受"传统"的范畴变化制约的。传统的范畴和封建社会连在一起，正如理性是资产阶级世界的特征之一一样。⑤ 所以，艺术不会是其他东西，而只能是高度工业化和工艺社会内的"现代的"东西。这种不可避免的特点终究突出了如下悖论：如果接受艺术的抽象特点是人所希望的——因为，没有反对者们指责的抽象性，现代主义将不成其为现代主义——就是赞成将它编入艺术市场，使它为统治意识形态服务，即为它所奋起反抗的东西服务。为了反动目的而利用"新"这一范畴是从故意错误地解释现代艺术的真实性开始的，是出于对"解体的标志是现代艺术的真正印记的无知"。⑥

在这方面，阿多诺和本杰明一样，二者都把冲击看作是解释"新"这一范畴的关键概念。"新"是真正的爆炸，"残忍的涡流"，它摧毁了现代艺术从传统成果那里保留下来的东西，不留"一点原封未动的遗产"。

---

① 《审美理论》（A. T.），第36页。
② 《审美理论》（A. T.），第36页。
③ 《审美理论》（A. T.），第37页。
④ 马尔库塞《单向度的人》，子夜出版社1968年版，第301页。
⑤ 《审美理论》（A. T.），第38页。
⑥ 《审美理论》（A. T.），第41页。

冲击和经验

音乐是很有意义的例证。阿多诺说，在好几个世纪中，占上风的是音乐必须理性地组织时间这个事实。可是在今天："音乐起来造反，反抗这种约定俗成的规矩，处理时间让位于不同的解决办法。"① 多变的时间成了"一种因素"，而不是一种"先验"的规定。如果从实验的角度看问题，无论如何，这种解体现象毕竟是非常含糊的。过去，"摸索经验"意味着艺术家通过本身的主观意志，"摸索"他能够预见到结果的未知的制作方式。今天，阿多诺认为探索活动不能预测到该过程的实际结果。② 工艺学的进步，不允许艺术家把自己的经验单单看作是主观想象的结果。不论他愿意与否，他也是屈从于经验现实的变化的，尤其是屈从于技术的变化的。可是，从探索过程无论如何是主观的安排的方面来看，提出关于探索活动，究竟是主体对审美能力的负荷，还是在日益增长的他律面前的解职，这仍然是含糊不定的。艺术家可以在这两种相对应的功能中进行选择：要么是向导，要么是佣人。

因此，与新东西的定义密切相关的含糊性，继承了艺术现状本身的含糊性。仅仅思考蕴含在作品构思中的制作方式的本质，还不足以给新事物提供一个标准：还未明显被制成的东西，实际上是存在的；在征服了延续性的同时，也返回外壳，返回希望逃脱死亡和时间而继续生存的"外表"。

---

① 《审美理论》(A.T.)，第42页。
② 《审美理论》(A.T.)，第42、43页："实验活动，即艺术创作方式的称谓，是曾经存在过的。对这些方式来说，新东西是作为一种必然而出现的。无论如何，它在今天更多的是想说明，与对象的内在性相通的，与某种从质的方面来说是'另外'的东西相通的主体性的审美兴趣的过渡：艺术即主体使用一些不能预测具体后果的方法。然而，这种观察方法的变化也不是全新的变化。从根本上来讲，属于现代主义的建构概念始终包含着不同建构程序对主观想象的至上性。建构需要的解决办法，耳朵或眼睛能够表达，但不能在所有的敏锐程度上实现。没有预料到的东西不仅是一种效果，而且具有一种客观的特征。"

第二节　艺术作品和时间

瞬息即逝和延续性

有一种画面经常在阿多诺的作品中出现，即焰火的画面。他"摆脱了如延续性这样的经验主义的包袱，就像天上的标志一样稍纵即逝。它在几分钟内射出所有的光芒，旋即化为烟雾"。在阿多诺看来，焰火就是"艺术作品的原型"。它照亮了艺术作品与形式以及与时间的关系。在一种马克思主义的解释中，人们总是用一种特殊的方式来观察作品与时间的关系，应该承认，这种马克思主义的解释能使读者迷惘。阿多诺的思考是出于这样一种始终如一的，并且与整个《审美理论》的论证有关的公设：艺术作品是经验现实的反映，艺术作品借以对象化的形式，潜在地包含着活生生的经验中的矛盾和对抗。但是，这些被统一的，从某些方面来说是被作品连贯的结构平整过了的矛盾和对抗，并不是很明显地显现出来。总之，用这种观点来说明"论战的"艺术作品就足够了，尽管"论战的"艺术作品，如过去的作品，是"肯定性的"，尽管人们有时候认为这些作品是保守主义的。任何艺术作品"本身"都不能冠之以保守主义。它崛起于经验世界的事实，表现了改变经验世界的意志。虽然有时候，这种意志没有在创作的那一刻显现，但是，随着时间的推移，作品徒劳地加以和解的那种"对抗因素的冲突"，或迟或早总会让世人知晓。

阿多诺认为作品容易变质。比如古典主义的作品，它们采用了自以为是最终的形式，采用了对注定要遭受不幸的人类共性的想象，试图抵抗各种对抗，与时间作斗争："艺术作品作为人类的必死的创作物，其抗争越激烈,就越是匆匆的过客。"① 阿多诺认为,古典主义的厄运正是在于企图抵抗时光的衰老而自我肯定。那种经磨历劫而不死的作品,就是人们认为是昙花一现的作品,如拉辛的悲剧和贝多芬认为演不过十年的奏鸣曲。

正因为如此,古典遗产至今仍很有活力,遗留下来的古代作品不胜枚举。作品延续性的观点"是建立在资产阶级所有制上面的",与资产阶级的所有制同样耐久或短暂。它和社会的阶级分化共存亡。

说到底,那种愿作保守的和传统的肯定性,艺术的伟大阶段和专制的法西斯式的历史时代是同步的。指出这一点并不困难。比时间还长寿的艺术作品,在传宗接代过程中创造了通过继承资产阶级遗产来传递的相当准确的形象。

那些像焰火一样,在材料中实现了自我处决活动并且可能与闪耀的时间一块消失的作品不胜枚举。艺术和时装式样的比较应该从这个意义上理解:"一些类似毕加索闪亮的画一样的发明,仅仅是用卡子扣起的为一个晚会而装饰的'高级剪裁'经验的移植。"② 有些人为了经济的、政治的或意识形态的理由,从时装式样中看到艺术的一种退化,与之相反,时装式样是"感觉的历史运动用来一步步影响艺术作品,甚至影响作品最细微最隐蔽的那些方面的诸种形象之一",③ 虽然它是统治意识形态控制的对象之一。

艺术,改造社会的代表

因此,历史因素是构成艺术作品的东西:"真正的作品是毫无保留地投入它们那个时代的物质的历史内容而又对此毫无所求的作品。"④ 阿多诺经常回顾这一终结全文的观点,也就是说,艺术作品作为历史的有意识的誊写,是"认识"。也可以说,艺术作品是历史时代经验的总和。那种认为过去的作品比现在的作品好理解的假设,是与资产阶级的所有制和物化相连的保守主义。《新音乐哲学》的引文已经强调过这一点:"……从客观上来

---

① 《审美理论》(A. T.),第 264 页。
② 《审美理论》(A. T.),第 265 页。
③ 《审美理论》(A. T.),第 266 页。
④ 《审美理论》(A. T.),第 272 页。

讲，认为贝多芬是可以理解的，而勋伯格是不可理解的观点是一种臆断……使这些人（听众）恐惧的不协和和音讲的正是他们自己的条件：唯独由于这个原因，这些作品才使他们难以忍受。反之，十分熟悉的内容与当今落在人类命运之上的东西是那么遥远，以至于在他们的经验和传统音乐所证实的经验之间几乎没有什么联系。当他们认为有所领悟之时，也只不过是他们所维护的东西，即可靠财富的内心浇铸，而这种东西在变成财富之时已经丢失了，成了毫无意义的中性化了的陈列馆的物品，它被剥夺了自身的批判的实体性，当然，这并不是说一部作品仅仅在它的时代才可以自动地得到理解，之后便必然会被投入堕落或历史主义中。但是，总的社会趋势在人们的意识和无意识之间，耗尽了过去曾是一种音乐内容基础的人性。在今天，这种音乐内容是人所共知的。"①

现代作品激起的冲击非常像当前音乐中的不协和和音，它们只不过是"当代意识反映现实世界调节机制的震动图谱，人们抛弃这些图谱，又来评价这些图谱，然而却对此又一窍不通，就像精神病人拒绝承认精神分析的结果一样，正是因为精神分析学对他说的东西离他太近，才使他难受"。

总之，阿多诺提醒人们注意当代艺术的变化，要警惕狭隘的马克思主义的理论从社会出发来解释艺术的态度。现代艺术不是社会的简单反映（阿多诺用的是展示［exposant］一词）。人们把艺术看作资产阶级没落状况在审美领域的表现，这样就会受到物化的危险和来自统治意识形态的激烈反应。因为统治意识形态由此有了一体化的口实。我们将看到，阿多诺是怎样从这条原则出发，论证自己对一种所谓有革命倾向性的艺术的批判。②艺术应该被看作是社会改造的代理人，而不应该被看作是一面供社会解体诸因素自我反射的镜子。

时间的摧残

于是，阿多诺力求用他自己的辩证的批判方式，阐明现代艺术中所形成的对现实世界来说是荒诞的特点，其目的在于取消"撒旦式滑稽模仿"

---

① 阿多诺《新音乐哲学》，1962年版，第34—35页。
② 参阅本书第六章第二节"实践与介入"一节，法文版，第166页。

的虚假的和解。而这种虚假的和解正是那些为了意识形态的目的,紧紧抓住传统艺术不放的人企图让人们相信的东西。只有对这种"荒诞"的澄清,才可能扬弃与对象之间的虚伪的亲昵,从而建立一种新的亲近关系。

"只有处在最先锋地位的东西,才能与时间抗衡"。该思想在以下方面得到证实:先锋艺术为了自我表达,不得不接受一种与各种传统表达方式截然不同的激进的否定因素,换言之,接受一种和新旧之间时间的连续性大相径庭的激进的否定因素。阿多诺认为,作品一向是自我肯定的东西,它反对延续性,反对时间的摧残。因而,作品在延续性上面是无能为力的。"为创作经久不衰的杰作而作的努力"是注定要消失的。[①] 作品过去要求的延续性是按传统遗产的观念铸造的。想成就一部经久不衰的作品也许是反动的企图:艺术家专注于延续性,执着地在时间中肯定自己,完全像资产者唯恐失去自己拥有的东西、自己的特权,尤其是文化的特权的心理一样。其实,"当作品对自己的延续性顶礼膜拜之时,它已经对自己的致命的疾病痛苦不堪:遮盖作品的不可异化的层次,同时也是使作品窒息的层次"。[②] 出人意料的是,挽救作品主要在于让作品在时间中消失,以便使它不至于成为延续性的猎物。但是,含糊性表现在焰火的例证之中,表现在它的"无与伦比的高贵性"之中,表现在昙花一现、拒绝客观化的特点之中。然而,客观化是艺术在所难免的,否则它就等于自我否定。拒绝外壳,在这里也就是拒绝客观化,艺术借此以逃避物化。拒绝客观化意味着它消失得干净利落。

人们在完善的复制技术手段面前感到的不快,比如说在音乐方面,对阿多诺来说,这只不过是面对源于复制技术的艺术的超稳定能力所产生的不快。因此,刻不容缓的事情是让艺术摆脱延续的幻想,让艺术赞同本身瞬息即逝的活力和接受自身的脆弱性。这与不认为真实性抽象存在,而是意识到其短暂本质的真实观是相符的。[③] 提出不承认反艺术就没有辩证法的观点意味着以下看法:"艺术如果想继续忠实于艺术的概念,就应该超越自

[①] 《审美理论》(A.T.),第48页。
[②] 《审美理论》(A.T.),第50页。
[③] 《审美理论》(A.T.),第50页。

己的概念,应该走出艺术概念。"① 如果艺术抗拒自我摧毁,那正是因为自我摧毁也意味着物质利益的摧毁,统治意识形态拒绝的也是这一点。阿多诺深信,艺术目前的软弱无力和重重困难,在其现实性上是未来可实现的自我超越的前奏。艺术的客观要求,即世界本身的要求,和这种未来相适应,而和单向性的意识形态扭曲了的主观需要相对立。只有努力满足这些客观需要的艺术才是真正的艺术。

第三节　意识形态语言与一体化

> 身怀艺术作品的艺术家,并不是作品的唯一生产者,然而,他通过他的劳动,他的被动活动,成为社会共同主体的助手;由于艺术家受着艺术作品必然性的制约,他把属于个体偶然性的东西全部从艺术作品中排除掉了。
>
> ——《论文学》·I·第 194 页

天才论批判

阿多诺批判天才概念的出发点,是想对康德思想重新评价。人们记得,在康德那里,作品应该是盲目自发性的产物,但同时又能使人从中看到一种典型的合目的性。离奇的状况通过以下事实来论证:创作一部普遍受欢迎作品的必然性,与既不能给该作品概念上阐释,又不能提供该作品得以产生的规则的事实并行不悖。因而在康德看来,天才是"先天具有的才智,有了这种精灵,自然才将它的规则给予艺术……""天才不能从科学去解释他是怎样完成他的作品,但是他提出了作为自然的规则,因此,凭天

---

① 《审美理论》(A. T.),第 52 页。

才写作的作者本人也不知道文思是怎样产生的。"①

　　康德的这种思想,与那些把主体当作创造者的观点完全一致。这些创造者期待着艺术与它的对象化来减轻他们的异化。如此神化的天才观取代了艺术家——创作者的观念,在宣扬人是造物主,作品是创造物的同时,满足了庸俗的资产阶级意识。占统治地位的意识形态助长了天才的孵化,特别是在艺术家或者伟人的传记中美化天才形象,事实上,这会堵塞其他人的可能性,将机遇给了伟大的艺术家。天才的物化是通过把所谓天才作品用于商品目的来完成的。是否应该干脆取消天才的概念?

　　阿多诺不这样想。他认为应当撇开所有或多或少上帝恩赐的理念,重新去考察天才。在所有唯心论思想中,保留下来的天才成分就是"辩证法的环节",就是说不可重复的东西,不是墨守成规的人,联结着必然的感受的自由,能够称得上"奇特艺术的技巧"等。认为想象是一种在纯虚无中创造的能力,而否认它首先是"在作品中对先前关系蕴含的真实的解决办法的想象"。② 这是一种愚蠢的错误。但是,从根本上来说,在脆弱的稍纵即逝的天才概念上,反射出了主观的自由与必然性之间的不稳定的平衡。因此,在超时性和共性中界定天才的企图,与所有对天才概念的神化都被摧毁了。

灵感与劳动

　　从历史角度看,"独创性"是与"天才"有着内在联系的,"天才"与"独创性"主要是占主导地位的意识形态有意向地将个体完全禁锢在愚笨状况中所使用的一些手段。阿多诺觉察到,把关于过去作品的这些范畴运用到一个集体意识的束缚,是如此严重,以至于影射某一种主观自由就是时代错误。在他看来,这样的时代是何等的荒谬。"独创的"这一形容词的使用,如同"天才"一词一样,从本质上讲,它的功能是以一种明显错误和不诚实的方法,过分提高天才的身价。在今天,独创性成了资产阶级的广告,招徕顾客的依托,尽管煞费苦心地花样翻新,仍然还是老套陈说。因

---

① 《审美理论》(A.T.),第256页。
② 《审美理论》(A.T.),第256页。

而,独创性丢失了它对个性风格的印证。而先进的生产则很懂得这一点,与其说它注重独特作品的独创性,不如说它关心的是新型号的制作。

因此,类如天才和独创性这些范畴身价倍增。这个现象是与资产阶级的想象的观念分不开的。阿多诺是用马克思主义的术语解释被视为绝对的发现,并从虚无中提取艺术存在的想象理论的。他认为,想象理论是社会劳动分工的结果,是脑力劳动与体力劳动之间对立的结果,是科学与艺术的对抗,是艺术与经验现实之间不可调和的分歧。通常所说的想象,大都是将灵感与认识对立起来的二元论,本质上是否认想象在现实中崛起,否认想象假设非现存为现存的作用。于是,想象变成了与经验现实脱节的乌托邦,作为对立物,它也是社会劳动的对立面。那种认为劳动扼杀灵感的观点是荒谬的,这种看法也受到了绝非业余爱好者的著名艺术家的批驳。

思索是受作品内在的东西制约的,它受作品对连贯性的追求所支配。正如阿多诺后来解释的那样,从外部来看,思索意味着异化或意识形态收编的企图。同样,从内部来看,它说明思索不应该被看作其他的东西,而只应被看作"在作品中揭示开端和结论的能力",看作未被规定的领域中的自由的象征。

艺术家与社会主体

艺术家体现了生产力。这个结论是阿多诺从手艺一词的词义变化中得出来的。以前,手艺往往与才能连在一起,才能代表艺术家从传统经验中得到的全部知识和本领。而今天,手艺一词表示古老的规矩之外的潜在的能力,由于这种能力的潜在性,它才与传统毅然决裂。这里不涉及猎奇式的混淆白板与独创性的问题,只求理解个体能力的潜在性就足够了。这种潜在性明显地针对某一种主体的东西,比如,作品中集体的潜在性的出现与可使用的生产力的关系。艺术家对他的作品不得不进行多次修改,而这种修改常常与"第一次创作激情"发生冲突,确实是可以归结为艺术家是社会的代表这一结论。提供给艺术家解决办法的多样化受着手艺(职业)的限制,因为,手艺既代表了不属于他个人的传统性经验,又代表了生产力现状提供给艺术家的东西。

语言与一体化

将阿多诺的论点看作是任何一本哲学教程所教给我们的那些东西的翻版是大错特错的。事实上,阿多诺慎重而又敏锐地揭示劳动的社会分工的段落,主要是想揭穿资产阶级的统治意识形态力图将艺术禁锢在传统美学范围内所运用的种种机制。他还说明了一体化是如何通过意识形态语言的辅助,在概念和范畴方面运转。文化工业将"天才""想象""灵感""独创性"等这类词汇的内涵清一色化,以便于使它能够维持现状,同时也避免了一切变化。更简单些说,文化工业的"清一色化",避免了容易在美学方面表现出打破传统的"封闭推理"条条框框的意志和语义学变化。

本杰明曾在1936年写道:"一些关于艺术在现存生产条件下的演变倾向的论点,把一系列传统概念,如创造性与天才,永恒价值与神秘特点等抛在了一边。这类概念的运用失控(现在也难以控制),将现象材料的运思导向法西斯方向。"[①] 阿多诺态度的独创性,主要在于很明显地用反常的方式,拒绝废除由于意识形态原因而被歪曲了含义的一种专用词。他认为,用新语言革除已存在的语言,丝毫不能阻止文化工业和意识形态的一体化。此外,这种替换所采用的暴力,与它要揭露的暴力是同类型的。语义学的内容是随着表现它的意识形态的背景而变化的。这是意识形态背景要求它们变化,而不是相反,因而不应混淆这一点。

很明显,阿多诺不主张用意识形态含义浓重的词汇,如天才或创造性甚至"主体"。这个方面,他与马尔库塞的态度是一样的。阿多诺很清楚,使用一个有效用的概念,就是在承担意识形态的"政治功能"。然而,一切都是意识形态,"因为只剩唯一的意识形态,即承认屈服于既成现实不可抗拒的权威的那些东西的意识形态"。[②] 真正的问题,是批评方法问题,就是要展示和揭露压迫性意识形态将思想束缚在封闭推理领域的那些方法。于是,就出现了马尔库塞给予哲学和阿多诺给予美学理论一样的"治疗"功能。

[①] 瓦尔特·本杰明《诗与革命》,德诺埃尔出版社1971年版,第172页。
[②] 阿多诺《意识形态》,卢彻德昂出版社1961年版,第261—265页。

第五章　一体化的机制和解放意图的失败

> 我们大可不必对群众进行指责,而应当指责由我们自己置于大众和我们之间有形的屏幕和新的偶像崇拜形式,这种对已确定为名著的崇拜就是因循守旧的表现之一。
>
> ——安道宁·阿尔多德
>
> 没有自由的思想,就不可能从理论上去评论有机的社会。
>
> ——《否定性辩证法》

第一节 美学理性和工艺学理性

艺术和乌托邦的可能性

阿多诺和马尔库塞都认为,艺术是被压抑的表现。因此它潜在地包含着对统治机制的不懈的控诉。与此同时,它让曾经有过的解放(或者由于不言而喻,所以是否存在过无关紧要)给人以希望。当今之时,这种希望只有在受压迫的条件下才被表现出来。阿多诺的悲观主义与以下事实有关:尽管艺术提供了人作为自由主体的形象,但在当前异化的状况下,只能作为对异化的否定来表现自由的形象。尽管如此,我们将会看到,当马尔库塞敏锐地揭穿一体化的机制时,阿多诺则努力超越"吸收"的阶段,并指出这种人人皆知的不可避免的"吸收",在其效果上来讲,是通过普遍性和系统性的特点而自我抵消。

如果说现代作品像我们所看到的那样,应该"吸收"尖端技术品,① 然而它的激进主义还是使它受到了被一体化的危险。在一体化中,艺术家想摆脱物化的意图,用推向极端的技术手段干预作品,把艺术导向对一种盲

---

① 参阅本书第三章第一节"文化工业"。

目的必然性的遵从。这种盲目的必然性超越了艺术，使艺术重新堕入它不想去的地方，即使是审美的激进主义，也有可能被一体化。抽象画有时也令人喜悦地适应新的"舒适的"墙壁装潢。确切些说，这种假和解的象征之一主要是明快性，全面中性化的时代就是靠这种明快性。接受了所谓"令人不快"的内容："在文化领域中，新的专制体系通过和谐的多样化形式表现出来：作品和极其矛盾的真实性无动于衷地安然相处。"①

阿多诺用一句话表达了与上述相同的观点："在新艺术的所有危险中，最大的危险就是没有危险。"② 对象化的研究通向纯主体性的尖端，主体性本身也被资产阶级的意向用于反动目的。然而还是免不了要冒险："达达思潮因自认为无能对象化，但又被所有的艺术表现所要求，从而变成为一个玩笑，不论人们愿意与否。"③ 所有达达主义者对这个行政化世界的一体化的揭露只能通过喊叫来进行，但是这种揭露毕竟有过："除了喊叫还能干什么呢？"④

阿多诺认为，在达达主义的意图中值得重视的东西，正是为了超越艺术家感到容易被没落资产阶级吸收的艺术的客观化的公设而作出的努力。对于这类现象，本杰明早已作过论证："达达主义者为不让人们把他们的作品作为观照的对象化的代价，远远超过了为使他们的作品用于买卖所花的代价。为达到此目的，最常用的方法之一就是使他们的素材乃至作品成为卑贱的东西。他们的诗都是'狂言呓语'，包含着淫秽和人们能想象为语言垃圾之类的东西。他们的画也是如此，上面贴满了丁丁块块的杂物。可以说他们有一种彻底剥去作品的所有神韵的趋势，给作品打上复制的痕迹。面对阿普（Arp）的一幅画，或是斯特朗（Stramm）的一首诗，就像面对德兰（Derain）的油画或是里克（Rilke）的一首诗，人们是无暇去沉思和判断的。对于已退化的资产阶级来说，返回自身已经成为一种与世不合的流派；消遣和达达主义一起成了入世表现的一种实习。"⑤

---

① 马尔库塞《单向度的人》，子夜出版社 1968 年版，第 94 页。
② 《审美理论》（A. T.），第 52 页。
③ 《审美理论》（A. T.），第 52 页。
④ 《审美理论》（A. T.），第 52 页。1918 年发表的《达达宣言》曾宣称："自由：达达，达达，达达，是被激怒了的痛苦的呼喊，交织着所有的对立、矛盾、荒唐可笑、不合逻辑。"
⑤ 瓦尔特·本杰明《诗与革命》，德诺埃尔出版社 1971 年版，第 203 页。

遗憾的是达达主义陷入自为存在的主观性中,没能超越自为存在的阶段。他们的后继者超现实主义者们重蹈的还是这一覆辙。在阿多诺看来,唯有贝克特的作品摆脱了自为存在的主观性与客观性的两难处境。他认为,贝克特的所有戏剧都是有意识消灭现实的标志。阿多诺得出的结论是:社会越趋于极权化,社会结构越趋向反动,作为积累该经验过程的艺术作品就越朝着自己的反面发展,朝着反艺术演变。在反艺术中,确切些说,艺术的东西就是它对现实的破坏方面。自愿的和彻底的抽象成为本身注定要抽象和消亡的客观世界的反映:"新艺术的抽象,与人类关系实际的抽象不相上下。"① 现代艺术的非现实主义和非现实性本身就是对现实主义的重大贡献。

对阿多诺的悖论可以作以下解释:在压抑的现状中,为了反对绝对主义,对于艺术作品来说,只能让自己装扮成这种形象,即压抑的效果,除此之外,别无他路可选。贝克特现实主义的威力对如果……是这样的世界形象的出现的执着追求,更甚于对令人沮丧的世界的描绘……现代艺术是没落形象,同时也是密码:艺术通过对世界形象的否定,表现了不可表现的东西,即乌托邦,或者更确切些说,表现了乌托邦的现实可能性。不幸的是,这种可能性和"整体灾难"的可能性,现在都被人们混为一谈。②

对抗性内容的吸收

阿多诺并不是千方百计地要否认艺术的二律背反特点。艺术二律背反形象的外部与现时生产力的二重性相联系,而现时生产力则既可以使世界变为一个人间地狱,也可以使世界成为天堂。现代艺术在沮丧世界中的作用,正是由这样矛盾和荒谬的状况所决定。它从这种状况中汲取了与异化分庭抗礼和激烈搏击的力量。

因而,阿多诺清算了意识形态一体化最有害的企图。后者的目的,就是以作品不断增长的技术性和抽象性为借口,把作品纳入自己的体系。资产阶级的态度当然不合时宜,但其中也有一定艺术性的手工艺制作成分。

---

① 《审美理论》(A.T.),第55页。
② 《审美理论》(A.T.),第56页。

它一味地重视工业化，强调艺术对技术标准的适应。艺术目的和工艺目的的同化，包含着一种对技术力量概念的神化和使艺术成为技术专制而淡化反映的趋势。正如马尔库塞曾经微妙地展示出的那样，技术专制是被理性现象特征化了的统治形式。即使材料的合目的性不是明显属于艺术范畴，技术生产力也丝毫不是为了自身而存在。按照阿多诺的说法，技术生产力只有在作品中，在它与目的的关系中才有价值。① 在生产关系和生产力的目前状况中，起决定作用的东西是"试验和建构的程序的变化，进程远比艺术与技术进步的一致性重要"。② 艺术与工艺发展的完全一致论，使所有断言美学与技术同步发展的诡辩合法化。正如人们看到的那样，阿多诺的批评很少是对事实状况的描述，而主要是对该状况的解释。他的批评很少揭示艺术选用的且时常是大量的技术手段，更多的是揭露最终迫使艺术屈从于工艺理性的意识形态危险。

很明显，艺术在倒退中是不能进行类似自然抒情诗式的复归。在阿多诺看来，资产阶级意识面对被工业破坏了的自然景色发出的愤怒是属于统治意识的。它通过一种"善意"来维持现状，而不知道真正的问题："如果人与自然的关系有一天摆脱了它使人永远受压迫的压抑特点，风景的丑陋也就消失了。"③ 资产阶级的怀旧感情始终暗含着对日益加剧的统治机能的期望：在资产阶级看来，全面而又极权的统治是唯一能够给它带来安静的，即整个封闭的和单向性社会的梦想。阿多诺则认为，自然抒情诗已过时，因为它的真正内容已经消失。因此，真正的艺术再不能在以下两种态度中选择：一种是复归自然的怀旧态度，另一种是适应工业化时期的态度。对这两种情况的二者择一，导致了一种为意识形态统治充当论据的理性的二难推理的困境。所有真正艺术都是一种幻想的艺术，隐藏在非理性的面纱之下。非理性是对技术的一种诅咒，不过，它仍然是一种最适用于目前意识形态的和压迫人的虚假理性的艺术理性形式。正如马尔库塞所言："艺术和技术的相同之处是二者要在现存世界中创造出一个思维与实践的新领域，并对现存领域加以指控。它们的不同之处在于，艺术领域是一个幻想世界，

---

① 《审美理论》（A. T.），第 323 页。
② 《审美理论》（A. T.），第 324 页。
③ 《审美理论》（A. T.），第 76 页。

一个虚构世界。但是,这种虚构与既成的现实很相似。人们用各种虚构的假面具和沉默形式,用无忧无虑的生活图画组成了艺术世界——艺术有假面具,并在沉默中展现,因为它没有能力让这种生活存在,甚至不能够完整地表现这种生活。假如艺术的真实性是无说服力的,是虚假的(艺术的真实性从来都没有比今天更虚假,更无说服力,因为它已成为被操纵社会的普遍存在的组成部分),然而它证实了它的形象。社会越是公开的不合理,艺术领域的理性就越大。"①

在阿多诺看来,艺术是形象世界的拟态,是象征世界的模仿,它很可能被那种可以溶化经验世界的矛盾的世界之幻想所破坏。然而,它从"促使客观化的技术"和模仿特点之间的张力中汲取出了真实性。后工业时期的画卷,"描绘了某种死的事物",预测了核战争的效果,是具有真实性的。因为这些图画是对真实的时代特征的自觉表现:"促使客观化技术与艺术作品模拟本质之间的张力,通过对一刹那、流逝、瞬息变化在时间中的补救才得到解决,如同某一事物不受物化的危害一样。"②

在极权社会具有能力同化艺术的对抗内容的情况下,张力的解决只能通过作品的形式来进行。

第二节 形式与内容

形式与技巧

一体化能够吸收矛盾尖锐的内容。它的普遍性和不可抗拒性至少是因为在一开始就将人们的思考带到形式与内容的关系上。令人惊奇的是,阿

---

① 马尔库塞《单向度的人》,子夜出版社 1968 年版,第 292 页。
② 《审美理论》(A.T.),第 325 页。

多诺似乎要再次挑起形式美学和内容美学对立的论战。不过，这只是一种表面现象。实际上，阿多诺在扩大形式的概念，把形式与它的唯心主义的传统意义区别开来，企图使形式接近于（本杰明意义上的[①]）与程序相适应的技巧诸概念。这种含义是对作品的社会作用发难，或者说是指责作品缺乏社会作用。这与马尔库塞的观点是一致的。马尔库塞认为："现实性与可能性之间的张力变相地出现在一个难以解决的冲突中，唯有作品的形式才让人想象到一种对该冲突的调解：即作为'幸福许诺'的美。该因素的各种状况通过作品的形式开出了新生面，特定的现实在其中如实地显现了出来。那时，作品说明了自身的真实性：它的语言不再是失望、无知和屈从的语言。幻想对各种经验现实直言不讳，并使它们崩溃：幻想推翻了日常的经验，并说明它们是虚妄的，是被歪曲了的。可是，艺术只有作为一种否定力量时，才具有这种神奇的能力。"[②]

批判的因素：形式和作品的论战性语言

对形式的评论是阿多诺采取的一种迂回手段。他逐一排除了各种含糊的传统的解释，最终赋予形式批评以新意，就是说把该概念和作品反对总体性，反对统治的批判特征紧密联系起来。实际上，形式概念代表了一种反题，即与模糊了艺术存在权利的经验生活对应的原生的反题。[③] 在阿多诺看来，卢卡奇批评布莱希特的形式主义，说他总是高估形式的重要性，事实上他的批评却流于文化的保守主义。他不懂得形式是"虚构的对抗性的真实，成功的作品因此和现实存在分道扬镳"。[④] 阿多诺通过剖析形式概念的由来已久的含糊性，说明了保守主义对形式的不信任，是由于人们过去把"所有出现在艺术中的像艺术的东西"都称为形式。[⑤] 唯心主义概念在形式的含糊性特点构成中起了重要作用，同时，也把形式的概念与艺术家在作品中的主观印痕等同起来。在黑格尔看来，形式是想象的产物，是精神

[①] 本杰明《论布莱希特》，马斯贝洛出版社 1969 年版。
[②] 马尔库塞《单向度的人》，子夜出版社 1968 年版，第 953 页。
[③] 《审美理论》（A. T.），第 213 页。
[④] 《审美理论》（A. T.），第 213 页。
[⑤] 《审美理论》（A. T.），第 213 页。

的艺术活动的产物。① 阿多诺认为，所有使形式概念求助于数学秩序，或求助于主观效果的先定结构模式的观点，都是在"个体性原则"的监督下，重建形式的极权模式，或重建压迫而且专制的整体性模式。② 因此，阿多诺认为有必要将形式和拟态冲动相对立，给形式一个客观的规定："从美学观点来看……形式恰恰存在于作品和产品脱节的地方。"③ 这里，很清楚地说明了作品与产品的区别（我们把 Gebilde 译成作品而没译成创作），就是说已成形的叫作品（拟态冲动），社会脑力劳动或虚构的结果。而对于产品，阿多诺没有准确地阐明其含义，但是他把未成形的称作产品（das Nicht-Geformte），所以，审美对象与非审美对象的区别在于它的形式（阿多诺经常也使用 Durch-bildung 一词，"构思"或者"完整的内部结构"都没有完全表达出它的含义。审美对象是 durchgebildet，意思是它要逐步经历一个"形成"的劳动）表明它确实是劳动的社会分工的"产物"，而作为劳动的社会分工，作为人类活动的客观化，它表现了经验现实的各种对抗："形式是社会劳动的标志。"④ 因此，在阿多诺看来，形式是作品论战的语言，"是出现在艺术作品中的将作品导向语言的所有因素的总结构"。⑤ 正是通过形式这种"对松散因素非强制性的综合"，作品保留了产生它的那些矛盾。在这个意义上说，形式是真实性的一种展现。

形式是非强制性的综合，但也是对整体性的否定。它作为社会对抗的见证，只不过是内容的积淀："反形式主义的思潮不懂得形式本身是内容的积淀。"⑥

在这个意义上说，阿多诺的反思说明了马尔库塞的立场：形式通过对此在的改头换面，推出了与经验世界相对立的自由的形象。如果说"没有拒绝、没有选择、没有淘汰和抛弃"，⑦ 任何形式也不可能存在的话，把形式看成作品的非道德性只能从不懂得批判和形式的一致性，或者从拒不考

---

① 《审美理论》（A.T.），第213页。
② 阿多诺《新音乐哲学》，1962年版，第215页。
③ 《审美理论》（A.T.），第216页。
④ 《审美理论》（A.T.），第216页。
⑤ 《审美理论》（A.T.），第216页。
⑥ 《审美理论》（A.T.），第217页。
⑦ 《审美理论》（A.T.），第217页。

虑这一点的意志方面去解释。

内容、材料、主题之间的关系：意向和含义

扩大形式概念的原因是要阐明内容、材料和主题之间的关系。阿多诺把混淆这三者的主要责任归咎于黑格尔（黑格尔以一种有害的方式混淆了内容和主题）①，这三者的混淆根源于形式和内容之间的学究式的划分。阿多诺有意且不无道理地以音乐为例证，在音乐中，形式与内容不同，不具有任何意义，但是内容与材料之间的区别仍然存在着。在音乐中，内容是发生在音乐节拍中的东西：主旋律与主题，也就是变化着的意境。与之相反，材料是作曲家支配的东西，如"颜色、声音、歌词"，是进入艺术家创作过程中的东西。这样，在内容和形式的同化上增加了形式和材料的一致性："在这个意义上说，形式也可以通过以下事实成为材料"②"一步步成为历史性的材料，将自己的扩张归因于感性形式的概念在传统经典种类崩溃中的历史性的解放。"③ 形式与内容传统性的对立，只是在形式和主题之间才继续存在。可以说阿多诺将黑格尔意义上的主题一词，推给社会主义的现实主义，推给布莱希特和卢卡奇之间的论战。我们将看到，阿多诺本人在猛烈地揭露匈牙利哲学家的同时，明显地拒绝参加论战。显然，他对现实主义的批判只能从区别形式、内容、材料和主题开始，这是可以理解的。在他看来，这些概念令人惋惜地被混淆了，因而完全歪曲了意向和含义的概念。意向一词与唯心主义的主观性的古典主义思想相联系，与个体化原则的作用相联系，曾经被局限于这种与传统的形式观念相联系的"主体的组织能力"。正如形式在作品和产品之间起着中介作用一样，意向在作品的模拟性辩证法中，在参与澄清方面，以及在展示真实性方面都有它的位置。④ 意向在这方面指出的近乎形式的东西，就是作品的客观性不能简化为拟态：意向就是含义，或者准确些说，含义是意向的载体。

---

① 《审美理论》（A. T.），第 222 页。
② 《审美理论》（A. T.），第 222 页。
③ 《审美理论》（A. T.），第 223 页。
④ 《审美理论》（A. T.），第 226 页。

当代艺术运动对意向性强烈而迅猛的抨击,是由传统的概念造成的,传统概念把作品的完整性看作含义连贯性的整体。①

含义的否定

这里,阿多诺把意向和含义混同起来,如同他把形式与作品的批判因素融合在一起一样。人们经常谴责现代作品没有丝毫意义就是其中一个例证。总之,把荒谬说成是一种否定意义的积极肯定的论证是过于玄妙了。阿多诺注意到了这一异议。我们知道这一异议正好处在当今关于"可能的艺术与概念化的艺术"的争论的焦点上。阿多诺在这里使用辩证法是为了超越矛盾。荒谬不是没有含义,而是提交给它的主体来评审。阿多诺以贝克特的戏剧为例:"贝克特的戏剧是荒谬的,但并不是没有一点意义,而是关于这一含义的推理。"② 在阿多诺看来,从批判作用是在否定含义中和通过否定含义而增多的意义上来看,一种关于远没有和自身混淆并且超越自身的荒谬的元语言是可能的。

那些把否定看作是对含义的肯定的推理依靠的是一种骗人的推理,可以说是在玩弄文字游戏:"证实含义危机的真艺术和屈从的艺术之间的差别主要在于以下事实:对含义的否定在一种艺术中是消极地形成,而在另一种艺术中则是积极地形成。"③ 确切些说,在贝克特那里,潜在的灾祸在于"灾祸从来没有出现过"。

这些标准显得很脆弱,阿多诺早已完全意识到了:"所有彻底的严格,甚至称之为'荒谬'的严格,导入了与某种含义相仿的东西。这真正是艺术谜团之一,是其逻辑威力的一个见证。"④

如果不摆脱外表,不摆脱表面现象,那么含义的否定就恢复不了形而上学的实体性。正如意向的定义所暗示的那样,否定与形式的破坏、与反对专制整体和反对物化的解构有着密切的关系。

---

① 《审美理论》(A.T.),第228页。
② 《审美理论》(A.T.),第230页。
③ 《审美理论》(A.T.),第231页。
④ 《审美理论》(A.T.),第231页。

艺术作品尽管有时因它们的内在矛盾而被整合，但是，在痛苦的表现中包含着一种解放的希望，期待着人们去解析。

第三节　对一种革命内容的幻想

艺术的批判意义

阿多诺认为，许多关于艺术是"社会现象"的定义，尽管能说明一些状况，但还是回避了艺术在目前社会中的特殊存在方式。艺术确实一向作为社会的东西。在新生的资产阶级处心积虑地把文化纳入自己的体系为他们的统治奠基时，艺术只能是社会的东西，甚至关于抗争艺术的问题也没有提出来。艺术作为占统治地位的意识形态的反映，是社会性的："如果艺术的某一方面作为社会精神劳动的产物始终是社会现象，那么资产阶级化使它的这一特征更加突出。"① 但是，人们满足于用艺术的表现方式，即集中了生产力和生产关系的辩证法来肯定艺术的社会性，这当然是事实。人们也通过艺术的物质的内容——阿多诺认为这与事实大相径庭——肯定艺术的社会性，这是只认可一种事实状况，而不懂得艺术仅以其在世界上简单的存在就是对抗作用："艺术通过它的简单存在来批判社会。"② 艺术中的一切都包含着对艺术在其中盘根错节的社会的揭露："艺术的非社会的特性就是对特定社会的特定的否定。"③

早在《单向度的人》一书中，马尔库塞就指出过："和现实社会的决裂，理性的或魔力般的违抗是艺术的特质，即使它是极其现实的。"他还

---

① 《审美理论》（A. T.），第335页。
② 马尔库塞《单向度的人》，子夜出版社1968年版，第97页。
③ 《审美理论》（A. T.），第335页。

说："不论庙宇或教堂曾经对周围生活过的人来说是如何亲近和熟悉，它们表达过的是与奴隶、农民和艺术家现实生活的一种可怕或崇高的对照。"① 用马尔库塞的话来说，被行政化了的世界毕竟将深刻地改变这些关系，以至于"大拒绝也被拒绝"。作品中的敌对力量尽管在过去时代的统治中还能存在，但现在已被一体化的威力所吞没。因此，艺术的批判因素只能在这种世界上的唯一存在中存在，当然，还应确定存在的方式。

现实主义表现方法批判

如果说艺术是"社会现象"，那么，它也因为客观化而自律。阿多诺把某种意义上来说为自己而存在的艺术和为其他而存在的社会交易的商品对立起来。一个方面是自律，另一方面是对一切都是为他物而存在的社会堕落的揭露，即含蓄而如实的揭露。二者紧密相关。因此，阿多诺从艺术既雄辩而又沉默的特点入手，论证了他对内容美学的批判。对意识形态采取的所有立场都与经验现实拉开了距离，经验现实的危险性在于它被看作是对社会的指控，而实际上并未触动社会。如果说这种立场使艺术摆脱了物化，那么又使艺术重新跌入商品化阶段。②

阿多诺认为，艺术在对意识形态彻底的揭露中，社会显得和梦一样模糊不清："在艺术中，属于社会性的任何东西，都没有直接表现出来，即使是有意直接表达它。"③ 在这个意义上说，布莱希特的戏剧概念就是模棱两可的。布莱希特的形式主义越是在"革命"的意义上振兴戏剧的实践，其旨在使戏剧具有政治揭露特点所采用的"迷人技巧"就越是使他的戏剧脱离现实："布莱希特对中国的美化不亚于席勒的墨西拿。"④ 现实主义内容的表现手法在反映社会运动和社会矛盾方面，无论如何都是无效验的。因而，在阿多诺看来，社会运动和社会矛盾或多或少是以"隐蔽"的方式表现出来的。现实主义内容的作品凝固了，它取消了自己的揭露作用："在艺术似

---

① 《审美理论》（A.T.），第335页。
② 《审美理论》（A.T.），第336页。
③ 《审美理论》（A.T.），第113页。
④ 《审美理论》（A.T.），第113页。

乎再现社会的地方,也只不过是创作一个好像而已。"①

对意识形态的揭露及其含糊性

从布莱希特的意义上得出形式对于内容的任何至上性的结论都是错误的。当技术环节使内容中"被遗忘的东西和再不能直接讲话的东西"保持下来时,②形式,即各种材料的结构,是一种积淀的内容。在这个意义上说,阿多诺可以谈论音乐形式,因为它首先涉及的就是"形式和内容的交织"。形式是磁铁石,它以一种各种经验材料与非审美的存在格格不入的方法组织经验材料。③它是对那些经由艺术作品他律给定的材料和装饰符号以及既成的传统"程式"的反拨。阿多诺关于音乐的论文尤其说明,刻板的形式或严酷的组材通道——这与人们误贬之为形式主义的精湛的熔裁技巧相反——从这个词坏的方面来说,是在外观和表面上搁浅的。

结构化与在某些现实主义形式中常见的对经验细节照相般的忠实截然相反。而现实主义则完全是对常常和意识形态的控制沉瀣一气的表面性的恢复。阿多诺尽管渴望着揭露,但他似乎还是考虑到了从不诉诸行动的中性内容。对于社会性某些东西,艺术并不是一概"采取的明显态度"。

反常的是,艺术的社会功能就在于它没有功能。艺术作品否定地表现了与现实存在不同的另一种状况,内在地和现实区别开来,并说明在一个没有野蛮行为的社会中存在的应是怎样的东西。

阿多诺不否认所有的结构(或解构)都给形式修复一块使它保留古风崇拜残迹的表皮。此外,这种古风的残迹使作品与商品区别开来。古风残物和现代艺术观以及作为社会劳动分工产物的艺术概念相比都不矛盾:"从社会方面讲,艺术的客观化外在地构成了对它的物崇拜,它作为劳动分工的产物,是社会性的。"④这种与艺术真实内容不可分割的物崇拜,与偶像化毫无共同之处。无论如何,艺术是在文化工业的世界中被禁锢在一个特

---

① 《审美理论》(A.T.),第113页。
② 阿多诺《新音乐哲学》,1962年版,第53页。
③ 《审美理论》(A.T.),第338页。
④ 《审美理论》(A.T.),第338页。

殊的领域,并成为偶像化的对象。残余的艺术崇拜可以说只是一种与意识形态的主题意图平衡的力量,"而艺术作品想通过一种非常值得怀疑的政治倾向摆脱拜物崇拜,却因其不可避免的简单化,陷入了虚假的意识。艺术作品盲目而短促的实践,只会使失明症继续下去"。①

阿多诺认为,通过内容来揭露意识形态的方式应该受到批判。其理由集中于以下一点:艺术不待把它与具体的社会联系主题化,本身就有社会化的倾向,就有被社会一体化的倾向,说到底最终会导入文化财富之中而被中性化。在阿多诺看来,明显的揭露从来都是囿于社会冲突和社会对抗的现实以内的,因为,它把这些冲突和对抗凝固在它们的运动本身并将它们极端地模式化。可以说,出现了这样一种想"表现"在行政化社会中从未像现在这样明显的东西,说到底,即所谓表现阶级斗争矛盾的东西。

阿多诺经常提到超现实运动的模棱两可性,即注定要在招致非议和社会接受的必要性之间妥协。他说,表现主义,尤其是在德国,已经不能不靠背叛获得成功。超现实主义者通常是在它们对社会激进的反抗,至少在开始时是这样,以及"统治性的"意识形态之间的明显矛盾中被人们抓住了小辫子。② 但是,在中立化"普及"开来的时代,艺术甚至在自律和介入之间同样没有选择权:无论艺术怎么做,还是被归并了。从某些方面来说,中立性甚至是美学自律的价码。尽管如此,艺术幸存的希望因社会斗争和阶级关系"铭刻在作品的结构中"而持续下来:"结构使不明显的和沉默的矛盾明朗起来,并因此而具有了一种不满足于现实实践的实践品格。结构足以当得上对于作为制作方式实践的艺术概念。它构成了一种实践形式,没必要为它的间接作用来辩护。即使真想直接起作用,也是无能为力的。同样,一种所谓倾向性实践的政治效果也是极不明确的。"③

阿多诺认为,结构是作品的综合,是作家使它说话,它与社会的各种对抗有着密切的联系。如果说社会性对抗出现在形式中,那正是因为艺术家本身代表了整个主体,代表了整个社会的倾向。从内容的本义上讲,人们在其中找不出对抗,因此,阿多诺揭露在现实主义的再现中,继续存在

---

① 《审美理论》(A. T.),第 338 页。
② 戈提耶《超现实主义和性欲》,伽里马出版社,1971 年版。
③ 《审美理论》(A. T.),第 345 页。

着一种根本的含糊性。它很难清楚地把从因循守旧的辩护立场出发处理主题时的揭露和批判方面与控诉区别开来。换言之,内容无意识地参与了它所揭露的东西。实际上,不可能作出这种区别,只能模棱两可。

阿多诺的批评很明显是针对卢卡奇的。通过批评卢卡奇,他也批评了所有社会主义现实主义的理论家。卢卡奇自称他是一种"规范"的辩护者,与作品问世后可能引起的延伸性相比,这是一种静止、僵化和倒退的"规范"。他劝告作家站在20世纪小说家的行列里,接近"资产阶级的"文学,以便让该文学参加反对法西斯主义的斗争。总之,卢卡奇所犯的错误在于他认为艺术可以是辩护的,而阿多诺则认为,艺术只是为实施批判而存在。艺术不是对社会秩序的礼赞,而是对整个压迫制度激烈反抗。在这个意义上,艺术不是认识,也不是过去经历过的人道主义特点的结晶。因此,当再现的艺术不利于党的政治机会主义时,它也就不能是"革命"的,因为它有意识地反映了反动的资产阶级意识形态,并为之服务。

阿多诺巧妙地揭露了卢卡奇的矛盾。他在《轶事琐谈》中写道:"客观优先论和美学的现实主义在今天几乎是矛盾的,即使按照现实主义的标准来衡量也是这样。贝克特要比用原则歪曲现实的社会主义更现实主义。社会主义现实主义者在紧抓这些原则不放时,就很接近卢卡奇所指责的东西。卢氏在罗马尼亚流放期间,近乎是声明他明白了为什么卡夫卡是现实主义作家。"

艺术作品正是在摆脱被行政化世界常规和极权控制时,才能获得解放和历史的客观性。根本不需要阐明已经内在地包含在作品中的东西。社会在作品中再现得越少,它在作品中暴露得也越明显。现代艺术通过它的出现和人们还允许它在行政化世界中存在这一点,再现了摆脱统治结构的东西,甚至当它被归并于文化财富中时,还在揭露极权主义。

专制意识与压迫

阿多诺对布莱希特、卢卡奇及"日丹诺夫式"的社会主义现实主义的批判,展示了他是何等努力地超越形式与内容这种陈旧的对立。他的态度有时很接近本杰明。本杰明说过:"我想向你们说明,一部作品的倾向如果在文学上是正确的，在政治上就也是正确的。"① 这就是说，正确的政治倾向包含着文学倾向：例如，要知道文学倾向的进步或倒退，只能通过文学的"技巧"的规定才能确认，或用阿多诺的话来说，是从艺术家的创作方法开始分析。本杰明和阿多诺一样，都认为要揭露按照意识形态的内容所决定的介入或"倾向"的概念。从这里引出了他们的相似点，虽然一个是批判法西斯主义，另一个是批判社会主义现实主义。正如本杰明提醒的那样："重要的不是提出作品对于生产关系持什么样的态度，而是作品在生产关系中处于什么样的地位。"本杰明似乎想要说明，正确的政治路线不仅"包含着一个正确的文学路线"，而且说，在政治上讲是正确的。这和政治路线的辩护词不同，一种好的文学不仅只能在好的政治下得到发展，而且好的政治家就是文学家。一个革命的作家应该和"日丹诺夫式"的社会现实主义的教义相对立。他是革命者，因为他是作家，表明他懂得做一个革命者的文学道理。②

《论瓦格纳》从另一个思想范围响应了这一纲领。确切些讲，阿多诺是在说明作曲技巧本身如何与作曲家所属的社会意识形态合而为一的同时，展现出关于瓦格纳作品真实内容的客观中介。在阿多诺看来，瓦格纳属于本杰明称之为提供了一种没经过改进的生产仪器的那类作家。③ 采用神话主题和摒弃政治或历史题材——无论人们对后一种做法怎样谴责——证实了瓦格纳的资产阶级反动本性，对他来说，"再现的美学深度和对历史作用的忽略是同步的……人类历史作用观要求拆除所谓有利于人的不变性观点的东西"。④

这样，阿多诺把马尔库塞的单向度理论的结果推向了极端。对现代艺术宽容，既不排除选择，也不排除鉴别，是与劳动分工后遗症、无知以及退化有关系。意识形态相信有能力吸收一切，有能力将个体束缚于这些症状之中。统治意识的文化政策在愚昧中奴役那些先验地拒绝有时似乎是确实无法接近的东西的人。统治意识利用了这种被它巧妙制约的拒绝功能，

---

① 本杰明《论布莱希特》，第110页版。
② 本杰明《论布莱希特》，第110页版。
③ 本杰明《论布莱希特》，第119页版。
④ 阿多诺《论瓦格纳》，第159页。

同时也利用了生活水准的差异和所有的文化工业设施。正像阿多诺非常正确地指出的那样，统治意识绝不冒着生命危险摆脱自己的意识形态。

现代艺术的明显矛盾存在于解构、"荒诞"、缺乏肯定意义、传统意义上的"再现"特点与那些由形式设计取得的客观化过程之间，而这些矛盾是由精神分裂的法则造成的，综合的方法是通过这种精神分裂法，将艺术作品与现实进行对照。在阿多诺看来，这绝不是调和的问题，因为，"在自己周围造成束缚的精神分裂法则也是规定它但又毁灭它的法则"。① 艺术靠它在社会中的目前所处的矛盾来生存，就像艺术作品发现了一种继续存在的可能性一样，因为，趋向综合的努力或曰张力是不可调和的。②

阿多诺认为，赞同主题连贯性的态度和来自现代敌对者、不接受取消参照形象、模特儿的那些人的社会压力，尤其是性欲压力是紧密相关的，两者之间的紧密联系是决定性的。遗憾的是这种联系在《审美理论》中没有得到长足的发展："反动的社会态度与对美学现代主义仇视之间的关系在分析专制特点时，已经阐明它维护的是法西斯主义者的新旧宣传，得到了经验社会学的认可。"③

如果作品中统摄所有素材成形的法则与统治社会的外在规律相类似，那么，阿多诺的美学理论所代表的就是一种为澄清隐性统治和反动意识的专制形象所作的努力。只有这种囊括分析方法的澄清，才可以利用艺术—社会的辩证法。按照马克思关于资产阶级的解释，这种艺术—社会的辩证法本身锻造了把自身引向灭亡的武器。

---

① 《审美理论》（A.T.），第 348 页。
② 《审美理论》（A.T.），第 348 页。
③ 《审美理论》（A.T.），第 349 页。

第六章 艺术的艰难处境

第一节 艺术的持久性

商品特点

阿多诺认为,说明艺术顺从种种一体化形式的理由,应从艺术在目前社会中的艰难处境中去寻找:"……从社会角度讲,艺术现今的处境是困难的。"① 作品具有双重特点,它是"论战的",也是"意识形态的",疑难是其中的一个原因。称作品是论战的,是因为它在社会现实中的简单存在本身已经具有一种对现存社会的谴责;作品也是意识形态的,因为它是社会劳动的产物,它说明了统治的作用,是统治的见证。其实,我们在前面已经讲过,在艺术作品中,生产力与社会力量没有什么不同。阿多诺明确论述过这一点。② 各种素材在通向完整的作品的过程中"内在地服从一些外部和社会法则相关的法则"。③

对意识形态的揭露如果不是不可能,至少总是受到限制,那么,在今天就不可能构思一部从某方面讲不属于意识形态的艺术作品。在这个意义上说,阿多诺解释了为什么目前社会中艺术的商品特征既不由于对它作用的不理解,也不是由于对它的滥用,而是艺术参与了生产关系的简单原因。社会不蕴含一种不能金钱化的劳动产品,甚至为艺术而艺术的理论也没把作品从意识形态中解放出来:"并不因为它是经验现实的反题,就会变成反意识形态的。"④ 它关于自给自足的美的观点,使本身被视作扰乱者的整个

---

① 《审美理论》(A. T.),第 352 页。
② 《审美理论》(A. T.),第 352 页。
③ 《审美理论》(A. T.),第 352 页。
④ 《审美理论》(A. T.),第 351 页。

内容服从于形式。只能接受屈从于形式的规律，屈从于"美的教规"的东西。因此，美具有了装饰的特点，可以被资产阶级随意享用的高雅特点。资产阶级从美中看到了一种中和艺术的方法。作品在显示自己作为经验现实的反题，商品社会的反题的同时，重新找到它的商品潜在的形式，即今天斥作为艺术而艺术的作品是低劣货的同一形式。这一过程相当忠实地表明了当代作品苦苦挣扎的艰难处境。如果作品多少舍出点自主性，承认它的明显的意识形态特点，那就会公开地介入现存的社会机制。如果作品局限于自身，在统治性的意识形态中，也不能逃脱一体化。困境只不过是这种极权意识形态的表现，它吞没了它所生产的所有东西，也吞没了所有自生自长的东西。①

表现力与艺术概念

拒绝联系并不能使作品摆脱困境。如果说通过抽象，不具形和非展现填补是它们与意识形态决裂的必要条件，那么，这种条件是不够的。② 阿多诺反常地补充道：正是"表现力"这个"总标准"使作品以动作并非语言而变得雄辩。他在"凯尼卡"中看到了这种作品的表现的典范，即自律形式的，或者说看到了作品自律形式的社会酵母："……凯尼卡……与现实主义手法水火不相容，通过一种非人的建构，准确地显露了它反抗社会的特性，由此也造成了令人费解的所有的误会。"他还说："作品对社会批判的区域，就是让社会难受的区域：在那里社会状况的虚假性从历史规定的艺术表现中显露出来。"③

阿多诺把表现设想为形式与内容的一种最高的综合，尽管如此，内容和形式的关系并没有水落石出。"凯尼卡"的客观功绩似乎在于这种历史上特定情状和非传统形式。正是非传统的形式将这种历史情状移上画布后，与揭露性价值之间有了某种巧合。阿多诺自认为揭示出了解决内容与形式问题的途径，然而，他在解决这一问题的准则方面仍旧是非常含糊的。人

---

① 《审美理论》（A.T.），第351页。
② 《审美理论》（A.T.），第359页。
③ 《审美理论》（A.T.），第353页。

们曾拭目以待，以为他会毫不含糊地确定这一准则。我们既不明白一部"反动的"作品在哪方面不能同样得益于它的表现能力，也不明白属于同一历史背景的达利的那些"先兆"作品，① 在哪方面通过它的表现能力与毕加索的作品大异其趣。阿多诺持以上论点，他似乎还是考虑到了主观效果的概念和观众的接受方式。"对社会批判的区域就是这种令人难受的区域"这种反思反映在一个客观地置身于一种历史状态中的观众的主观规定性的总和之中。对这个观众来说，毕加索的画只能用不加琢磨的方式，唤起对战争之类的历史事件的残忍特征的记忆时，才具有真实意味。很难说一部"传统"现实主义的作品就不能产生同类效果。

阿多诺考虑到了表现与确切的准则的相左之处，明显地保留了一种大有问题的因素，而且引入了经常受非难的幻想和夸张现象的特点。

其实，我们认为"表现"与"表现力"术语的运用不应掩盖阿多诺的基本思想。如果艺术作品想要摆脱无动于衷的态度，那么"令人难受之处"就是它在今天得以表现出来所采用的最起码的方式。我们再次看到，阿多诺从来没有怀疑艺术的概念和艺术作品。他对艺术概念和作品概念的维护，从艺术被判定的存在方式中得到证实。艺术要存在，就要回忆它的过去。马尔库塞说过，所有真正的作品都显示了否定异化的典型内容："艺术想象赋予追忆那些已夭折自由的无意识以形式，赋予追忆被背叛了的许诺的无意识以形式。"② 如果人们想要艺术继续与压迫体制分庭抗礼，那么维持艺术概念就是不可或缺的了。

很明显，阿多诺所持的正是这样一种使艺术概念持久化的立场。毋庸讳言，艺术是不断反映在艺术概念上的，就此而言，使艺术概念持久化的道路同样举步维艰。

于是，为艺术概念翻案并在头语反复的圈子里绕来转去的难点——即所有艺术的绊脚石，就此得到清理。

---

① 参看达利 1936 年的画作"煮菜豆做的软结构——内战的先兆"。
② 马尔库塞《爱欲与文明》，子夜出版社 1968 年版，第 138 页。

第二节　难点、净化效果、介入

　　净化与一体化是颇费踌躇的话题。就阿多诺对净化的态度看，他发展了布莱希特的立场，而且见之于意识形态方面要比在戏剧方面更彻底。大家知道，卢卡奇对布莱希特戏剧的批判在很大程度上涉及反对亚里士多德学说和距离说（Verfremdungse Hekt）。布莱希特试图在观众那里引起的距离效果，与亚里士多德诗学所谈到的和经典作家所效法的净化说是相对立的。

　　布莱希特关心的是把观众从消极态度中解脱出来，用距离作为使观众和真正客观的实践联系起来的工具："距离可以使人承认客体，但同时也使人承认客体是外在的东西。"①

　　观众远远没有以准浪漫主义态度沉醉于已展现的感情的表现，可以说，观众应该对容易引起这种流露的客观原因追根究底。那么，观众感觉出来的东西，就是一种社会的形象，观众必须按照这种社会形象作出旨在改变经验现实的决定。

　　卢卡奇激烈反对这一态度。他在晚年时对布莱希特的指责已温和多了，但在揭示戏剧的空想——也许即阿多诺所说的"幻想"——特点时，仍然很尖刻。他写道："尽管具体化是可赞扬的，但由于这些（无产阶级革命的）内容在他们（观众）那里是抽象的，即直接的表面现象，所以它们不是革命的客观动力，其革命意愿也是一种抽象的说教，一种倾向。"②

　　阿多诺再次参与了这场论战，他坚决接受布莱希特的观点。然而，他并没有拘泥于戏剧方面，而是试图揭露净化与压抑性意识形态之间的关系。阿多诺的理论受到了马尔库塞所发展的关于压抑升华说的启发，尽管没有深化，但是超越了升华说。

---

① 亨利·阿芬《马克思主义美学》，法兰西大学出版社 1970 年版，第 104 页。
② 亨利·阿芬《马克思主义美学》，法兰西大学出版社 1970 年版，第 104 页。

马尔库塞在《爱欲和文明》中写道：从自由意识唤醒以来，没有不表现否定异化的原型内容的真正作品……作为美学现象，艺术的批判作用本身就包含着它本身的失败。同样也是这种艺术与形式的关系，抵消着在艺术中对人类奴役的否定。为了被否定，异化应以作为被扬弃被控制的现实的表现展现在作品中。这种控制的表现必然使作品中表现的现实服从于美学标准，因此，也解除了现实的恐惧性。此外，艺术作品的形式赋予内容以享乐的特征……亚里士多德关于艺术净化效果的理论概括了艺术的双重功能，既使人对立，又叫人和解；既揭露，又宣布无罪；既让受压抑的东西再现出来，又以"净化"的形式重新去压抑。所有的人都可以通过经典作品"升华"，他们在阅读中，能看到自身的原型在反抗、获胜、投降或者沉沦。因为这一切都触及了审美形式，他们能从审美形式中感受到乐趣……并忘掉审美形式。尽管如此，艺术仍然以一种模棱两可的方式在审美形式的范围内，表现出了向被压抑的自由形象的复归：艺术曾经是对抗。在目前这种总动员时期，连这种极含糊的对抗似乎也不可能实现了。艺术的生存只能是在自我否定之处，只能是在否定传统的形式来挽救它的实践之处，只能是在否定和解之处。在那里，艺术变成了超现实主义的和无调性的。此外，艺术承担起与整个人类命运攸关的现实："沉沦。"① 这段话很好地概括了阿多诺的立场。不过，在阿多诺看来，情感净化表达的是一种升华的理想，这种升华的理想把建立审美外壳的唯一功能给了艺术，以取代天性和需求的感性满足。实际上，情感净化是用于意识形态净化的："净化是与压抑有着联系的情感的一种纯化作用。"② 舞台上情感的表演不允许观众与革命实践有必需的距离，同时，又寻找与观众的一致性。净化产生于想象方面，它不但与现实效果相去甚远，而且甘心服从意识形态的控制。多少世纪以来一直如此："净化的教义把最终统摄并监督文化工业的原则本义地归因于艺术本身。"③ 阿多诺自忖：是否净化在哪一天曾经产生过有益的作用？抑或正相反，它没有注意到受压抑的天性？艺术不是一种代替物，当作为替代物和纯商品的艺术成为昂贵的治疗措施，用来幻想式地解放受

---

① 马尔库塞《爱欲与文明》，子夜出版社 1968 年版，第 138—139 页。
② 《审美理论》（A.T.），第 354 页。
③ 《审美理论》（A.T.），第 354 页。

资产阶级意识压抑的天性时,物化也就完成了。人们错误地把蹩脚作品当作艺术的糟粕,恰恰相反,它是"经久不愈的欲望之一",它与净化的共同之处,在于都以幻想和使不存在的感情中性化为基本特征:"蹩脚作品滑稽可笑地模仿净化。"① 此外,蹩脚作品"像一个淘气的小妖精,摆脱所有的历史定义",像一种毒药一样混在艺术中,在艺术作品中,构成了促使它商品化的非常模棱两可的方面。阿多诺认为,所有的艺术作品多少都有一点它所摆脱不了的低劣的地方。正因为这一低劣之处,可以说是艺术的原罪,意识形态才维持着它的统治。确切些说,所有压制性文化政治的作用,主要在于让人们相信蹩脚作品提供的满足是符合真正的需求的。统治机制很善于将群众的现状归罪于群众,而这种现状恰恰是统治机制调配的结果。因此,阿多诺把这种状况称作"庸俗"。群众把低级艺术、消遣活动理解为合理的和需要的这一事实,反映了意识形态的影响:"这种事实本身就是压迫无处不在的表现。"② 阿多诺解释道,受压抑者和压抑的种种标志,即和证实艺术谋求升华失败的过程一起在庸俗之中复现出来。在全部行政化中,文化甚至不必要贬低它造就的野蛮人,不必要使他们经受堕落仪式,就足以加强几百年沉淀下来的野蛮。③ 在彻头彻尾完成了的一体化中,"崇高的"艺术既不反对蹩脚作品,也不反对庸俗化。整体本身的分配是按文化工业操纵和规定的需要进行的。

在极权的社会里,净化的失败意味着否定艺术真正实践因素的反动意识形态的成功。"崇高艺术"的标签、蹩脚的消费品等,可以说是对屈从于统治的社会分层化现状的反映强化和认可。艺术与实践的关系自身显得越艰难,对艺术价值的否定越容易:"显然,美学领域不可能将它的价值给予现实的原则。其实,美学领域是'非现实主义的',因为,想象是它所形成的精神特征。美学领域对现实是无能为力的,在对现实的原则方面,美学已为自由付出了代价。美的价值在生活中能起到一定作用,如在高雅和文饰,或者作为个人爱好方面。然而,以这种价值生活则是得天独厚的天赋,

---

① 《审美理论》(A.T.),第 355 页。
② 《审美理论》(A.T.),第 356 页。
③ 《审美理论》(A.T.),第 356 页。

或者是堕落放纵的标志。"①

实践与介入

阿多诺认为,当艺术作为社会的问题通过它的客观倾向和艺术的批判反思而变得不可调解时,艺术本身的客观实践因素则变为"主观意向"。在这个意义上说,介入比倾向更强烈,也就是说,介入是更高一级的反思阶段。② 因为,介入不是以改善现存状况为目的,而是要改变这种状况借以存在的条件。在阿多诺看来,这种介入永远不会直接在艺术作品中表现出来。③ 艺术的二重性,"自主性"与"社会现象",说明了它与实践的模棱两可的关系。实际上,作品与实践相比,既有过之,亦有所不及。④ 有所不及,因为它是人类面目全非的图画。作为图画,它抛弃了所有的积极的实践,只满足于消极的暴露。同样,说它有过之,是因为它通过对经验现实的抽象,与实践拉开了这段距离,揭露了实际存在的狭隘的虚假性。可以说,作品揭示了真正改造社会的失败。

阿多诺从这种二元论中得出一个以前已经披露过的结论:艺术作品不能从政治上以一种直接的方式表态。万一这样做了,采用的也只能是一种旁敲侧击的方法。如果艺术作品坚持政治上介入的态度,它们就会被本身的概念隐没:"艺术作品采取政治态度是值得怀疑的……作品在社会中产生的真正效果是非常间接的,其通过隐蔽的过程促进社会改造的精神参与,是集中在艺术作品中的。"⑤

作品通过它的存在,并在它的形式结构(Gestalt)中,证实了存在着不能调和的社会苦难,它们的诺言只能是有实践可能但又并非直接可行的。阿多诺注意到,常常是历史的因素决定着它们的实践因素。作品在时间中的展现奠定了它与历史的关系。它们所产生的社会效果则不属于作品:因为作品的社会效果对于作品自身及其可能的历史影响而言,既不是直接的,

---

① 马尔库塞《爱欲与文明》,子夜出版社 1968 年版,第 163 页。
② 《审美理论》(A. T.),第 365 页。
③ 《审美理论》(A. T.),第 366 页。
④ 《审美理论》(A. T.),第 358 页。
⑤ 《审美理论》(A. T.),第 359 页。

也不是现实的,而总是"间接的"。

揭露性内容与其所产生的效果之间的关系,很少是在作品出现的瞬间被人们发现的,只是后来在有可能辨清总的历史趋势时,才能形成各种关联。阿多诺引证了政治上不介入的保墨榭喜剧。他说,这里所说的"政治上",是"用布莱希特和沙特所指的含义"。阿多诺以博马舍的喜剧为证。博马舍的喜剧是从其内容与历史潮流的和谐中获得效果的:"艺术的社会作用是间接的效果,这既显而易见,又异乎常理,人们赋予艺术作品的自发性,只取决于历史的总趋势。"①

对布莱希特的戏剧形式研究的长处,阿多诺是承认的。阿多诺所指出的布莱希特的错误,主要在于后者为了说教的目的,强迫观众接受不允许感觉多样化的距离说。在阿多诺看来,布莱希特的态度是专断的:"他是驭文的高手,想通过高超的技巧限制艺术的社会效果,就像他从前煞费苦心地求取声望一样。"② 透过阿多诺对专断个性成分的捕捉,可以看出他力图使艺术作品摆脱置它于任何意识形态"回收"监督之下的模棱两可性。所有公开的介入都应受到谴责,因为,作品远没有能够为所谓的革命利益服务,而实际上经受着被极权意识形态支配的危险。作品忽略了这种显而易见的事实,即在统治体制当中,反动力量所具有的那样的潜在性,以至于政治上介入的作品早已预先被圈进了体系中。作品能够获得当局宽宥,使之可以对完全受一体化左右的观众来表演。这个简单的事实说明,统治机制足以消除作品所有的冲击。"炸弹"的发火装置已被预先拆除。

第三节　艺术与放弃

阿多诺对统治意识形态"回收"机制的批判是不难理解的。人们看到

---

① 《审美理论》(A.T.),第360页。
② 《审美理论》(A.T.),第360页。

他的理论准确地揭示了反动意识形态典型作用的奥秘。他的论证同时也解释了艺术作品对统治机制几乎是无能为力的原因。艺术似乎被判定要遭受这种艰难处境。在阿多诺看来，目前关于摆脱这一困境的所有企图都是注定要失败的。

阿多诺在肯定根本不可能超越目前阶段的同时，难道不也把他本人在批判伊始通过激进主义开辟的解放道路堵死了吗？一种现实的希望，一种可调和社会的理想图画，难道不是搁浅在一种未被公认的唯心主义形式中吗？阿多诺在暴露艺术艰难处境的同时，似乎又希望如此这般。

阿多诺批判所秉持的这种模棱两可性，明显地表现在他对文化事业的谴责方面。他关心的是废除一体化的体系。他在批判中采用了易使该体系爆炸的所有对抗力量。他认为，站在贝多芬的位置上为爵士乐和摇滚乐做广告，并没拆除对文化的肯定性的欺骗机制，反而为野蛮行径和文化工业的利益提供了口实。这类所谓的重要的和纯洁的创作特点的生产，是由应该施之以"大拒绝"的那些势力按部就班地酿成的。回到野蛮形式的念头是那样强烈地纠缠着阿多诺，以至于抵消了阿多诺辩证法的积极方面。人们或可接受这样的论断，即除用于宣传的粗制滥造之外，一切为反对至高无上的统治制度的作品不得不放弃也许可以把作品与公众联系起来的手段，然而，很难说阿多诺一定持有类似的观点。

辨别真假的必要性在阿多诺的盖然判断中起着相当重要的作用。这种辨别充分阐述了它不是用来批判盖然判断这一事实。其实，阿多诺说明过，在宰治性意识形态为满足无关紧要的或幻想的需求而炮制和操纵艺术的情况下，作品如何才可能摆脱易导致意识形态化的变化，怎样才能产生促使客观现实变化的有效实践。反之，作品一味地追求满足现实需要的某种效果，很可能会失去它的价值和对意识形态的冲击作用。"文化政客"的狡狯主要在于使人相信，他们提供的审美需要是真正的，公认的和已成体系的，由于他们高抬贵手，作品才能和公众见面，而公众所期盼的审美需求才能直接地如愿以偿。在这个问题上，阿多诺有理由断言，审美的需要在一定的范围内是不明确的和含糊不清的，与此同时，他也有理由批判这样的文化政策，因为这种文化政策是为了满足现实需要，在玩弄供给和传播机制，企图让人相信相反的东西。事实上，文化政策通过对它煞有介事地视为命脉的必需品的定向满足，把真正合法和合乎要求的艺术表现当作多余的东西和累赘的奢侈品。

遗憾的是，阿多诺的批判并没超越单纯揭露的范围，而是局限在纯描述阶段。

阿多诺认为，无功利性是艺术的基本特点。这实际上是他从对艺术的社会无效益性的观察中提炼出来的。阿多诺急于肯定这一点，是害怕艺术倒退到他所说的野蛮中去。

当然，艺术作品的真正的使命在于能中止需要——满足交换的无休止过程，在于避免陷入永不能满足的供求交替的奸诈机制。当然，永不能满足的需要是想象性的，是通过文化工业的调节再生产的。阿多诺的辩证推理是有其缺点的，他肯定马尔库塞关于单向性体系的完全"不合理性"的看法，而不认可单向性体系本身能酿成自我瓦解的因素。

现实主义的欺骗性

对阿多诺来说，介入性毕竟不是可以将艺术确定为实践的必要条件。如果像在布莱希特那里一样，介入性变得系统而规范，那么，它使作品敬畏的支配性手法，正是自相矛盾地竭力揭露的东西。

在阿多诺看来，布莱希特的功绩不在于政治上的介入，而在于政治介入在形式、戏剧前景的设计上产生的效果，说到底，在于他那些旗帜鲜明的观点所具有的品格。他在内容中表现出的政治介入的价值不在于它本身，而在于它所表现出来的东西，在于对可能在实际中改变的一种局势的展望。仅仅在这个意义上，介入能够变成"审美生产力"。他表现出的求新的意志与一切守旧主义、物化以及偶像化的倾向相对垒，即与自然是属于顽固维护旧文化的意识形态倾向相对垒。

对屈服于现实主义谎言的介入的批判，常常出现在对社会主义现实主义的批判方面。这种态度部分地说明了为什么厌恶形形色色极权制的阿多诺，终于先验地否定了某些现代艺术形式的积极的方面。在他看来，后者一方面有蓄谋摧毁过去的艺术之嫌，另一方面可能为一种强硬的敌对意识形态——法西斯的或斯大林式的意识形态的翻版充当工具，这两种情况都是向野蛮倒退。

因此，对客观现实的完全肯定是天真的、幼稚的，因为它过于认真。"现实主义的欺骗性"成了圈套，使所有天真无邪地努力按传统方式抄写当前现实的可怕特点的艺术作品上当受骗。阿多诺与在剧作家身上寻求真实的东西的爱因斯特·费歇尔不同，他认为贝克特的作品摆脱了现实主义欺骗性的圈套，同时也以多少有点残忍和恬不知耻的娱乐形式来表现曾经实事求是地被描绘过的现实的残酷性。这也许忘却了一种在言辞中和行动中同样沉重的语言现实主义。

因此，阿多诺终于得到了一个他珍视的观念，对社会的批判永远不会出现在对社会内容明显的揭露中：当内容被掩盖，完全纳入形式中时，对社会的批判就变得激烈，于是，形式也就变成本来意义上的社会批判。

对社会主义的现实主义的批判完成于这一不点名的判决——幼稚。卢卡奇的理论也没有逃脱阿多诺的谴责：他认为，卢卡奇的思想常常或有时是首先就甘当内容审美的那种马克思主义美学。《审美理论》揭示了一种压抑性社会学的各种危险性，强调的是一种忽略所有历史—哲学现实性的形式主义的局限性，代表了马克思主义美学为把艺术作品从变辩证法为教条主义的固定形式或主题中解放出来所作的最新的努力。阿多诺认为，渗透在整个作品中的模棱两可性是艺术的生存的要素，而艺术"自身存在又是社会性的，艺术由于作用在它身上的社会生产力才变成了自我存在"，[①] 然而，在《审美理论》把当代艺术的命运看作是不可避免的盖棺论定的同时，它又封闭了由批判的第一种因素徐徐揭开的各种可能性。阿多诺忧心忡忡，既担心社会退向法西斯的野蛮，又害怕极权主义。

他选择了厌弃尘世利害的道路，通过诸如贝克特这样的厌弃尘世，不自觉地变成了现状的卫道士。持这种立场不是没有矛盾的，对生产力能使艺术继续生存的可能性的信仰，与屈从的态度针锋相对。今天，这种可能性已受到了想置艺术于死地者的威胁。

[①] 《审美理论》（A.T.），第368页。

第四节 反"艺术死亡"论

生产力的作用

在阿多诺看来,两种态度尽管有它们矛盾的一面,但是导致了同一结果。一方面是追求体系内部明显的一体化的态度,另一方面是千方百计地取消传统的艺术,甚至艺术的概念,这两种态度都沦为极权制。第一种属于管理制度的态度,在承认艺术是社会现象的事物同时,规定了艺术在社会中的确切功用和位置。这种对艺术社会功用的承认,事实上是随心所欲地支配作品的统治性意识形态对艺术的征用:各种努力都希望管理的至上性,其含蓄的意思是,行政化了的世界对不屈服于完全社会化或至少想与管理分庭抗礼者来说,占了上风。绝对权威用地理分界观察来确定这类现象的位置,测验它们的存在权利和作用,这是一种越权。这种权威不懂功能社会和感性特点的辩证法。如果重点不是预先放在意识形态的作用上,至少是放在艺术的消费上,而且从今天可能构成艺术的社会对象的所有事物中解脱出来:按照安分守己的观点来看,一切都是预先决定的。[①]

倘若说极权机构的结果是把艺术导向左右为难的境地,那么还会导致以下状况:艺术的"内在"困难和与世隔绝,是以专断的面目自相矛盾地出现在青年反抗运动中。可是,所有要求禁绝的观点势必导致不让步和暴力,而声称这种或那种事物不应再存在的那种人,从本质上讲都是专横的。取消传统的艺术并没有恢复艺术存在的权利:"要取消艺术的那些人可能是最后承认艺术的人。先锋派美学结构的先锋式的混乱,表现出他们自以为

[①] 《审美理论》(A.T.),第 372 页。

是革命者,并认为革命是一种美的形式的幻想:其愚蠢不是在文化之上,而是在文化之下,介入在大多数情况下只不过是缺少才华……"①

阿多诺认为他揭露了理智的诡计:即理智自以为摆脱了束缚,却没有察觉它正在进行复兴束缚的活动。彻底的怀疑精神在某种范围内已被现实状况所证实:就是先验地拒绝一部真正的作品出现的可能性,可是一部真正的作品"是对肯定它不可能问世的宣言的批驳"。此外,"在半野蛮向全野蛮演变的社会里,取消艺术本身就成为社会的帮凶"。② 不知道艺术在现时代的职责和可能性,等于用可诅咒的时代法西斯所用过的同类方法。

因此,阿多诺的揭露超越了所有对艺术命运的论证,也超越了对艺术必然性持怀疑态度的立场。在他看来,谈论义务一词这个简单事实,就会使人们本想要摧毁的交换原则永久化:"没有必要论证艺术的必然性。问题是不该提出来的,因为,假定艺术的必然性问题是自由范畴的问题,那么艺术的必然性也就是它的非必然性。对必然性的估价隐秘地深化了交换的原则,也增加了盘算着将要获得什么的庸人的忧虑。"③

所有关于艺术方向的焦虑,都和"资产者店铺的资金……向何处去的问题相类似":"'向何处去'就是一种被社会控制歪曲了的形式!"④ 激进和专断的批判,常常是与一种愚蠢的形式结合在一起,与那种对艺术现象的无知结合在一起。阿多诺在论及贝多芬的最后的四重奏时写道:"只有不知道和不懂得四重奏的人,才应该被投进墙垣斑驳的地狱。"⑤

取消过时的艺术,常常是与那些对过去艺术的无知混在一起,其出发点是一种在现代不为艺术平反昭雪的错误原则。实际上,"在当今时代,艺术的可能性是不能根据生产关系来决定,而是由生产力的状况决定的"。⑥

阿多诺认为,如果把生产关系作为标准,而不参考生产力来判断总局势,就会导致走上一条无视审美生产的特殊性系统的反文化的极权路线。

令人惊奇和费解的是,阿多诺满足于通过"超验性"获得的理想中的

---

① 《审美理论》(A. T.),第372页。
② 《审美理论》(A. T.),第372页。
③ 《审美理论》(A. T.),第273页。
④ 《审美理论》(A. T.),第273页。
⑤ 《审美理论》(A. T.),第374页。
⑥ 《审美理论》(A. T.),第374页。

虚构真实性，来反对经验现实，破坏生产关系与生产力的辩证法，引证其中一种来批判资本主义社会的硬化，而引证另一种来想象一个未来的自由社会。

由于阿多诺把震荡现实社会的反抗运动与反对传统价值的粗野的暴动等同看待，于是他选择了决裂；而他又如此重视先进工业社会的不断增长的单向性，以至于脱离了马克思主义的辩证法。

反抗的不可能性

当代艺术的最近倾向也受到了阿多诺的谴责。因此可以肯定，反艺术、粗野艺术、光效应绘画艺术、概念艺术、流行艺术等，从确定的含义上讲，尽管各有不同之处，但都不能作为艺术在和谐社会中应该所是的预示。

根据把以上艺术与它们竭力揭露的东西区别开来的差别来下定义，它们不可能提出一种与艺术现实处境截然不同的另一种社会形象。这些反抗形式给予自己的形象，注定是同一种东西。它们增加了短期内被归并和被中性化的机会。所以"刻画在一个变化了的社会中的艺术形象是不妥当的"。①

因此，阿多诺关心的是维护艺术的自律，而又不指责其社会特征。可是，作品的双重特征在行政化社会中构成的原罪被反动势力老练地用于自己的目的。自律说明了将艺术与经验现实、与它在社会上产生的效果区分开来的差别；与之相反，他律则披露了在一种并非真正的审美形式下向现实的回归。文化工业正利用了这种二元性：既有商业目的，又有意识形态目的。相对于它的忠顺奴仆来说，文化工业尽量给艺术保留着一定的讨人喜欢的尊贵。与此同时，它缩短了作品与经验现实的距离。用现代传播方式扭曲地消除这一距离并没有解放艺术。艺术并未真正地被归并，当人们赋予它一种与意识形态的目的相重合的特定社会功能时，艺术才逐渐被一体化。

---

① 《审美理论》（A. T.），第 386 页。

第五节 形式主义

形式与各种社会对抗

阿多诺认为，布莱希特的错误之一，就是信赖阶级斗争在他的戏剧中可以作为主要的题材。可是，这种从来没有被当作题材提出来的东西是社会性的。阿多诺为了用客观的形式的特点来确定社会的中介，再次采用了卢卡奇的表现手法——透视法。[①]"社会性"从未在人们期待之处出现过，它可以通过作品的形式客观地观照，但不能通过作品的内容来阐明。阿多诺强调了这一明显的悖论："在莎士比亚那里，作为个性、激情的范畴是社会性的，作为卡利班的资产阶级的具体性格特征是社会性的；《威尼斯商人》《麦克白斯》和《李尔王》中半母权的原始社会的观念也是社会性的；《安东尼与克莉奥佩屈拉》对权力的憎恶和普洛斯彼罗的迁就行为也完全是社会性的。从罗马史中提取的冲突反而是文化财富。"[②]

像布莱希特那样，在阶级斗争的意义上解释这些冲突，从经济和社会史的角度来看是不准确的。因为从客观上来说，"阶级斗争是以高度的一体化和高度的社会分化为前提，从主观上来说，是以资产阶级社会里初步发展起来的阶级意识为前提的"。[③]

如果资产阶级时期的作品只表现出了反对社会现实的微弱愿望，社会现实也并非被真实地理解为后来所是的那样，那是因为"阶级本身从其结构上来看是某种资产阶级的东西"。社会反抗曾经是一直存在过的，现在以

---

① 《审美理论》（A. T.），第 378 页。
② 《审美理论》（A. T.），第 378 页。
③ 《审美理论》（A. T.），第 378 页。

阶级斗争的形式来解释它,① 像我们前面已经讲过的那样,是不符合时代的。用对立的模式论来表现现实社会关系的复杂性是不合适的。反之,目前解放形式的要求表明了一种社会解放的意志:"社会的解放包括在形式的解放中,因为形式,即全部特殊的审美背景,在作品中代表着社会关系。"②

形式解放的意图

如果对各种体制所认可的社会不平等的实际想象从来未改变现实中的任何东西,也很少能动摇保守意识——群众总是对描绘他们的图画感到满意,那么,先锋派解放审美形式的意图则深深地触动了现实。阿多诺解释说,这是通过精神分析法作了肯定的。精神分析法认为"所有否定现实原则的艺术都是反对父亲形象的,从这个意义上说,艺术是革命的"。③ 形式的破裂展现出与当今以统治性和压抑性意识形态为特征的经验现实决裂的志向:"现代艺术的建构和组合,事实上是对经验现实的拆除和部分的破坏,是通过对已隔绝成分的新的、自由的组合活动,至少具有使人超越目前的现实的潜在性。"④

唯有解放才可能将审美标准和社会标准统一起来。因此,对形式的研究摆脱了使这类研究成为一种与社会实践脱离一切关系的"无偿的游戏、点缀或经验的"天真性。区别开艺术的自律特点和它的社会特点是极权社会、社会统治所惯用的伎俩,社会统治想借此阻挠人们对现存秩序的怀疑。

由于这一原因,阿多诺几乎没有把日丹诺夫那种有意束缚和摧毁审美生产力的文化政治及其在共产主义世界中的后遗症与"自由"⑤ 国家在激进艺术之间建立的从本质上来说是脆弱的和平区别开来。日丹诺夫的文化政治先验地拒绝一切回收的可能性,而"自由"国家建立的和平,坚持不懈地为或迟或早的一体化进行努力。1932 年及后来斯大林的极权主义,基本上建立在使形式隶属于党的意识形态的基础上。对形式主义简单的怀疑招

---

① 《审美理论》(A. T.),第 378 页。
② 《审美理论》(A. T.),第 379 页。
③ 《审美理论》(A. T.),第 379 页。
④ 《审美理论》(A. T.),第 379 页。
⑤ 指西方国家对艺术的放任自流。

来了不可挽回的惩罚。马雅可夫斯基自杀于 1930 年,"革命"导演、力学建构主义和生态—机制的拥护者,梅耶奥勒德(Meyerhold)在 1939 年制片会议上发表了轰动性声明后的第二天就失踪了。就在那次会议上,他强烈地驳斥了当时社会主义的现实主义。资本主义国家不需要这种简单的方法,它们把艺术对资产阶级思想的揭露置于形式研究的名下,同时用"自由原则"把立体派和超现实主义的活动纳入统治性的意识形态中。

所有对形式的改革都不是表面的现象,而是属于一种旨在改变现实存在的政治实践。现实主义的严重缺点是对现实进行浪漫主义的和情感主义的调和,建构主义则不断地探讨"艺术与尘世的一致性"。①

可实现的可能性

反抗力量为了维护分裂所作的种种努力,暴露出它们对艺术与社会和解的恐惧。艺术与社会的适应是把内容放在恰当的位置上的一种方法,是在拟态表现因素和建构因素之间达到一种平衡。审美建构主义不是内容的否定。首先它被看作是一种对经验现实的各种因素的解体、解构,是有意识地对目前经验现状的拒绝,也就是对屈服于社会统治的经验现实的拒绝。审美建构主义不接受一向按照理想的标准解释传统艺术,拒绝那种认为传统艺术在今天能够具有某种社会价值的观点。这并不意味着传统艺术在过去从来没有社会真实性。只要人们不按照哲学推论来解释,也不按照传导与统治意识形态所构思的社会幻想混淆的传统范畴机制的理论思维来解释,传统艺术还是具有社会价值的。从传统艺术忠实反映社会和历史现实的角度来看,它不是虚假的。当推理运用概念和普遍化的范畴,将传统的图解移到社会历史的现实和当前审美的现实中时,它是虚假的。

过去,美反映了一种在某种意义上讲证实推理判断的理想主义的综合。在阿多诺看来,艺术上的先锋派拒绝对美是什么,或应该是什么东西的推理,并不意味着否定美,而是表达了将审美的客体从过去的奴役地位中解救出来的一种愿望。这样,美不再是以各种因素的综合来衡量,也不是概

---

① 《审美理论》(A. T.),第 381 页。

念化所能奏效，而是存在于对经验现实进行移植、解体和按照它的自身规律重新建构其艺术作品的和平的景象中。这种对客体的解放，事实上远远超出了"对客体"的解放："艺术中的美才是真正的和平的现象……艺术作为认识的形式，实际上包含着一种对现实的认识，而它并不是非社会的现实。这样，真实的内容和社会内容就被中介化，尽管艺术的认识特点，它的真实内容超越了作为现存认识的现实的认识。"①

诚如阿多诺所说，先锋派艺术思潮脱离客观事物，确实是为了避免一种使人想起统治的屈服行为。相对于人们在艺术形式中见到的拟态表现因素，这种间隔距离表现了避免对客观现实进行"照相""模仿"或"移印"的愿望。所以，现代潮流的否定特点不应该被解释为客观现实的堕落形象，而应该被解释为对"可实现的可能性"的肯定。反动态度主要出于诽谤意图和一体化的考虑，把这些飞跃看作现实状况腐化的表现。事实上，"从审美角度来讲，客体至上性只是作为无意识的历史记载，作为'潜在'的、压抑的、'或许可能的'既往史从艺术特点中表现出来。这种至上性对于统治的潜在性自由，是作为它对客体的自由表现而在艺术中的"。②

很显然，阿多诺的解释，与马尔库塞关于近几年来在西方国家所见到的对社会和政治反抗运动的解释不谋而合。镇压机制建立在统治意识形态对少数派的图解之上。统治意识形态认为这些少数派与目前社会格格不入，是颓废的标志，对此，社会不应承担责任。在马尔库塞看来，"超压"是统治所必需的，统治不容许它的意识形态是一个"蝇草盒"：这种超压与专家政治的社会效益原则有着密切联系。因而，激进的反抗力量只有在排除武力或者自拒于消费社会之外的运动中才得以存在。由于社会缺少回收，对反抗活动持排斥态度；甚至在反抗活动采用审美渠道的情况下，排斥态度还为采取暴力的镇压辩护。首先刺激当局的意识形态的东西，很少是因为对其各种镇压形式的揭露，而更多的是对一个最美好、最人道、最自由的社会的信仰："真正的敌人，乃是解放的幽灵。"③

柏拉图对静穆美的追忆是不足为奇的。美在人道主义和一个解放了的、

---

① 《审美理论》（A. T.），第 383 页。
② 《审美理论》（A. T.），第 385 页。
③ 马尔库塞《单向度的人》，子夜出版社 1968 年版，第 76 页。

和平化的社会里,将会重新获得因统治的原因所失去的毫不夸张的原意。美在当前的危机也是艺术的危机。什么都不美了,因为什么都不再美了。

我们与马尔库塞的审美观——通过对超压的废除的审美化思想有很大距离。此外,阿多诺除了强调新近艺术探索的含糊特点外,在对新近的艺术探索中没有任何其他的影射。可以说,阿多诺完全"处在"艺术危机之中,而他的有关引证表现出了一种惊人的保守主义。

第六节 美学思考的局限性

阿多诺认为,艺术应当让它的"潜在的社会内容"讲话,自我深化和最终自我升华:"艺术是通过自己工作方式中的外化力量,即趋向对象化的外化来批判唯我论的。"[①]

个体化,从主体首先是社会总倾向的代表的意义上讲,没有和对象化一起进入矛盾之中。个体由于自身的沉沦,记载着异化社会的痛苦:痛苦只有通过形式才能表现出来,这是因为,艺术全靠形式才能超越被社会牵连的主体。如果现代艺术在矛盾重重的社会中是统治性的异化的产物,那么它没必要一定是社会各种对抗忠实的再现。艺术是"历史的记载",因为艺术在目前社会中揭露了统治,补充了与它并不矛盾的过去的艺术。过去的艺术同样记载着因意识形态的解释而变得面目全非的历史。在阿多诺看来,那种断然排除传统艺术的"革命"艺术是误入了歧途。因为它又重新堕入与它尽力揭露的意识形态相类似的意识形态中。反之,如果说不可能预见未来的艺术是什么,这恰恰是因为未来的艺术只有在一个解放了的社会中才能摆脱意识形态的所有桎梏。人们重新看到了阿多诺对那种"介入性"革命艺术的怀疑,这种怀疑与艺术在"令人失望的"社会中存在的方

[①] 《审美理论》(A.T.),第386页。

式有着直接的联系。这种存在方式的模棱两可性，就像我们已经看见的那样，是由于艺术的二重性所致，同样与这方面——这次不是反命题——的对象化和"外象"有关。艺术是某种变化和某种可能性的表现。但愿这种变化和可能性被对象化。对象化趋向于对这种变化的纯粹的否定，它是使这种变化成为"就好像是"的东西。阿多诺认为，这种模棱两可性对于艺术的外象特性的反抗思潮很敏感，反抗思潮是对各种对象化形式的抵制，是试图用立刻的、即兴的变化取代纯属骗人的变化；而从另一方面讲，艺术的威力、它的活力，没有这种固定性就不可能存在，没有它本身固有的外象也不可能存在。①

人们不止一次地对阿多诺关于当代问题的引证的含糊性感到遗憾。作为"对过去艺术的补充"的现代艺术，与"革命的"和"杀气腾腾的"艺术之间的区别是不明确的和有害的。实际上，这两者的区别很可能采用纯粹主观的和武断的标准。此外，阿多诺把艺术的继续存在与对"价值"的重视联系起来。他很想摧毁艺术的继续生存，但又假惺惺地在传统美学与现代艺术之间建立起一种连续性。与此同时，他与他的时代的一部分断绝了关系。他一方面以一种不合时宜的方式，再次引进文化的特别是艺术的人道思想，另一方面又想让人相信他排除了这种思想。关于他的思想的弱点，他的学生的议论是不无道理的。

一种艺术理论的不足之处

当然，人们在阿多诺的理论中看到了他对当代戏剧的某些忧虑，至少对或多或少是继承布莱希特的戏剧解释形式的某些关注。这些关心明显地与激进的政治介入拉开了距离。贝纳尔·多尔在揭示了先锋派戏剧的不舒适的处境时写道："戏剧活动的目的越来越不是把社会搬上舞台，不是给社会一个完成了的和完善的形象，不是向观众讲出社会的真实。艺术活动趋向于让观众自己去揭示戏剧之外的这种真实，通过戏剧引导观众，对社会起作用。"贝纳尔·多尔给戏剧下的定义是"现实的预演"，因此他对自己

---

① 《审美理论》（A.T.），第416页。

的戏剧工作作了如下解释:"戏剧活动的重心改变了:它再也不是在舞台上或者是仅仅在作品中,可以说戏剧的重心是处在交叉点上和大厅的中间部分,或者,处在戏剧与社会的结合部上当然更好……戏剧越来越不通过传统的、非常狭窄的反光镜反映目前社会,而涉及更多的是让戏剧活动在我们社会中扎根。我们的戏剧应该变成作家、导演、演员和观众能自由地比较他们的经验和他们对现实的想象的实验室,而不应是历史或审美真实性的庙堂,否则戏剧就有僵化的危险。"①

阿丽雅娜·穆西京和彼得·舒曼的舞台实践也证实了这种首先打破舞台与大厅、艺术与社会之间关系的凝固结构的意志。演员们的即兴表演一旦发生,也不是"空转",而是建立在与剧作家、演员和观众共同社会经验的基础上。

如果说阿多诺冒险地将戏剧在当代社会中的作用明确地确定下来,那么我们不能说上述这种部分或暂时的"和解"形式与阿多诺的形式是一致的,一点也不能这样肯定。《审美理论》是对所有想持守文化凝固形式的行为都有所警惕,而且,这里暴露出一种矛盾:一方面阿多诺对所有的艺术经验,甚至前几年他最关心的戏剧和音乐方面大胆的尝试都很感兴趣;另一方面他又揭露最近的艺术探索给统治意识形态和资产阶级提供了提出"这一切向何处去"问题的口实。再者,这个问题在阿多诺看来是有害的,因为它实际上是想遮盖在艺术中形成的批判社会的潜在因素。总之,我们根据阿多诺的理论来观察,发现这一问题似乎是原则性的。而无法回答这类问题助长了这位哲学家的悲观主义。如果说被工业社会扭曲了的世界允许人们幻想一个美好的社会,那么,它是不允许人们想象实现这一美好社会的手段的,充其量人们只能把未来社会当作美好的传奇来向往,当代艺术的解放意图也许会是一种对美好未来的预示吧。在阿多诺看来,这大概就是人们在贝克特戏剧中发现的仅有的、真正的反抗态度。如果作为历史记载的艺术能够拒绝表现当前的痛苦意识的话,那么"咬紧牙关"和"紧闭眼睛"也许是一种合适的解决办法。②

阅读《审美理论》有时使我们感到气愤。气愤不是来自于阿多诺对当

---

① 贝纳尔·多尔《真正的戏剧——评论集》(1967—1968),色耶出版社 1971 年版,第 25—27 页。
② 《审美理论》(A. T.),第 475 页。

今世界中切实可行的计划的沉默,而是来自于他对过去的"杰作"无保留的赞赏。他的著作确实在大多数情况下专注于揭露的方面,正如贝克特的各种戏剧常常满足于对人在社会中异化的实录。再说,阿多诺确实可能拒绝给他认为在当时还不包含结论的问题提供结论。相反,《审美理论》不可否认地构成了对现实"痛苦"所作的超越了任何意识形态立场的揭露。如果说阿多诺的论点和马克思、布洛克、本杰明、马尔库塞的论点常常具有一致性,他实际上始终拒绝人们把他的论点和某种具体的意识形态和一种特定的社会现实等同起来。他给马克思主义型的反思所作的反教条主义的教训是那么恰切,甚至连一种哲学或美学的可能性都受到了他的指责:说到底,艺术作品是谜语式的形象,他本身就是自己的语言,是不需要任何评论的。

第七章　对艺术作品的重新审视

第一节 真实的内容

艺术是对粉碎了的幸福的许诺。

——阿多诺

拟态和成形之物的对照：谜语特点①

灾变形象在阿多诺的思想中随处可见，由于某种原因，也许比在本杰明那里更为常见。灾变形象在某些方面来说，是为艺术在世界上的出现辩解。这个世界通过否定艺术从而拒绝缤纷的色彩，让人们接受遮盖"彼岸"世界空想的面纱——灰暗的色调。

因此，阿多诺发现，现代艺术的涉及黑暗之处是和艺术的否定性紧密相连的，即和艺术对现实存在的否定和也许是永远不可实现的"彼岸"的许诺紧密相连："审美经验是精神对本身不能带有，也不可能从世上获取的某种东西的感受，是通过不可能性许诺的可能性。"②

所以，艺术作品只不过是一种非现存的诺言。

这是阿多诺所说的"谜语特点"的结果之一。在阿多诺看来，所有的艺术作品和一般所谓艺术都是一些谜语。艺术作品不会让人们以单一的方式道破。他认为，作品从它的解说员身边溜走，如同彩虹在散步者面前消失一样。对一部作品的理解与竭力想抓住作品含义及弱点的愚蠢是很相似的。

对阿多诺来说，将作品比作猜谜语可以让人们更好地理解它的谜语特

---

① 参阅本书索引部分。
② 《审美理论》（A. T.），第 204 页。

点。谜语构思的结构本身就包含着谜底的成分。在这个意义上说，这种略加遮掩的东西毫无解说的必要。结构既秘而不宣，但是又给出了答案。在猜谜过程中，用推理的方式可以得到谜底，与之相反，对作品的解说始终未超出谜语特点。传统艺术的虚假之处，恰恰在其几百年来形成的、强化到异化程度的可言喻性："艺术作品从来不是人们所要的样子，也没有一刻是自己想成为的样子。"一方面，艺术以其自身的存在显示了自己是一种非现存，是可能的东西，但是同时也展示出它是——这也包含在它的概念中——可能的不可能性。艺术的结构，作为虚构揭示了这种反题的方面，尤其在拟态和成形之物的差别中是这样。①

　　阿多诺将"拟态"和前精神状态与"成形之物"相对应，确切些说，即与旨在统一和超越拟态冲动的精神的工作相对应。在结构中显现的拟态和成形之物的对比表明了非理性因素与理性因素的对立，表明了艺术的原罪。所有清除前者保护后者的企图，类如古典主义时代的做法，都加深了分隔艺术与经验现实的鸿沟。玩笑、游戏、滑稽、傻气有时在艺术巨著中出现。它们是拟态的残存，是人与动物之间原初关系的回忆。"真实内容"在作品中起着维持这种拟态残迹的作用。在这个意义上说，严肃的、僵硬的意识是专横的、粗暴的，是与艺术中更为自然的东西背道而驰的。阿多诺认为，从真实的内容方面来看，莫扎特的《魔笛》并不比瓦格纳《尼布龙根的指环》更虚假，虽然《魔笛》的题目含有非理智的特点：人们接受莫扎特的歌剧中的插科打诨比接受瓦格纳歌剧的严肃性更为爽快。拟态因素的否定和理性的强化，将艺术作品的结构和语言的结构同化，使作品的谜语特点更加突出。因而，艺术分明在说话，但不是以推理的语言来表达："蠢人们关于何必要画的疑问，增长了这些人凝神观画时以为画幅能给他们作回答的幻想。"但是，这种愚蠢的错误和所有意识形态力求按自己的意图解说作品的错误不相上下。所有的作品都是潜在地包含着它们的谜底：谜底不是摆在面前的。

　　阿多诺认为，作品的谜语特点的规定性，是反对物化和意识形态一体化的一条论据。作品不是以推理判断的形式来判断，更何况它们没有必要

---

① 《审美理论》（A.T.），第110页。

判断。介入性的作品恰恰受到它所揭露的意识形态的影响。介入，作为一种对谜语特点的清除，完全扭曲了真实的内容，让作品从而也让读者以独一无二的方式来评判。如果作品确实包含着自身的谜底，它不说话是没有能力提供出来的。从本义上讲，谜语的特点越不专属于它，它越是没有能力提供答案。该特点对所有的艺术作品都一样，是和艺术的本质相联系的。作答意味着对艺术在世界上的存在问题的回答。因而，美学自认为是企图捕捉真实内容的哲学反思，换言之，是谜语的客观的解决："真实的内容是包含在每部作品中客观的谜底……它只有通过哲学反思才能获得。能为美学辩解的是这一点而不是其他东西。"①

技巧分析

由于艺术批评对作品的历史性的促进与关于真实内容的哲学评论的相互作用，美学的辩解加强了。② 阿多诺对黑格尔的批判是一贯的，但常常是模糊的，只是当他的批判矛头向传统唯心主义延伸时才显得棱角分明。真实内容不能和理念、作家的主观意向混为一谈。阿多诺很中肯地说明，几百年来，尤其是整个古典主义时期，哲学家们执着地挖掘艺术家们投入作品的东西：这是一种同语反复的游戏。真实内容是不可能融入理念之中的，"即使唯心主义夸张性的概念将作品压缩成理念的样板，'始终如一'的样板"。③ 艺术作品结构上的统一与夸张的概念相适应，这是传统的唯心主义力求发扬的东西，但是，这种统一在哲学批判的淫威下爆炸了。因此，真实的内容并不是结构严谨、完善的艺术作品的世袭领地。艺术在昔日是与美的理想主义和夸张性的思想相一致的，它被封闭在传统的圈子里，成了统治意识形态用来掩饰可憎的压迫性的经验现实的面具。当肮脏而破旧的意识在文化中出现时，阿多诺从中看到的是对"驳杂的传统艺术"所许诺的假和解的拒绝。在他的论点中含蓄地包含着对贝克特的参考：《等待戈多》和《剧终》，是与传统意义上的解释格格不入的两出戏剧。其中，肮脏

---

① 《审美理论》(A.T.)，第 193 页。
② 《审美理论》(A.T.)，第 194 页。
③ 《审美理论》(A.T.)，第 194 页。

和破旧表现在埃斯特拉贡的形象上，表现在哈莫的血手绢上，表现在奈格和乃尔的垃圾箱上。哲学批评的作用在于让嵌入整个艺术作品真实内容中的社会本质显露出来："这一显露使整个艺术作品远远超出纯主体，它是集体本质的侵入。"① 艺术通过它对社会经验现实的拒绝从否定方面证实了一种非现存的出现。它先验地接受了这种非现存的可能性。艺术永远在拟态表现力和建构因素之间摇摆。它或者面临死亡的威胁，或者倾向于意识形态的一体化。这就决定了艺术与"乌托邦"和"社会现象"的二重性相对应的难解的特点。从艺术通过自身结构预演了它在一个和谐社会的存在来说，它是"乌托邦"；然而，从某方面来说，只有当结体的构思吸收了拟态的冲动时，它才能存在。

因此，要想摆脱困境，就应该重新学习"读"艺术作品，凭借"技巧分析"思考它的结构、它的内在的连贯性与意识形态及社会统治之间的关系。而后两者总是通过系统地抛弃所有残存的拟态，从而在艺术作品本身寻找某种向往"完美的形式的法则"的东西。美学理论的功绩之一，正在于它试图研究这种关系。

第二节　结构和意识形态

艺术的拟态特征与建构特征之间的张力的结果，是将艺术置于远不如意识形态舒服的境地。意识形态总是处心积虑地寻找归并艺术的手段。可以说，艺术摆脱不了载入对象化倾向上的原罪，即在经验现实中的显现。通过对作品逻辑结构的构思，虚构才得以对象化。没有结体的构思，虚构不可能作为虚构而存在。但对象化同时也造成了一种严重的后果：过分的精神化，使艺术和对自然的统治建立起联系，因而也和意识形态的统治建

---

① 《审美理论》（A. T.），第 198 页。

《论瓦格纳》和《新音乐哲学》指出，尽管斯特拉文斯基和瓦格纳有不同之处，但是二者的作曲方式都是专横的，"就像一种伟大的哲学一样，瓦格纳对特殊性是有所提防的。他对整体的观察虽然不是极权的，但总是让人想起共性的纠缠，在那里个体越固执，影响也越小"。[①] 作曲家对不协和和音的运用是很说明问题的。不协和和音只是在和谐音调的陪衬下才能表达出来，它本身从来不是独立运用的，"瓦格纳的音乐不仅没有揭示资产阶级社会的实质及该音乐与社会的关系，也没有认真地抛弃一开始就吸收了他所改革的那些流行的音乐语汇，尽管他的改革最终使传统音乐体系土崩瓦解"。[②] 至于斯特拉文斯基，《新音乐哲学》是这样评论的：斯特拉文斯基那样的作曲家，猛烈地反对……未被社会制约的表现力的所有痕迹。他们自以为是地将真实性还给音乐，从外部给艺术印上了献身的标志，将音乐打扮成"只能如此别无他状"[③] 的粗暴形象。《新音乐哲学》和《论瓦格纳》说明，独裁主义是怎样通过"务必"将各种在本质上趋于解体的成分，如不协和和音，归并入整体，归并入严格的组织中。将整体性和极权主义等同可以把艺术作品的内在结构和作品产生时的意识形态背景相比较。当然，这不是简单的类比。确实有一个由对自然统治的行为向作品行为的移植。这种移植可以在企求统一的作品结构的圈子里看出端倪："艺术作品中借以反映暴力和经验现实统治的东西，远胜于类比。艺术作品的封闭圈作为多样性的统一，将统治自然的行为直接移植到某种摆脱现实的东西上。"[④]

阿多诺在确切地说明"反映"一词应有的含义时，总是谨慎地解释该词的使用。他这样做是有道理的。深刻的批评和技巧分析应该阐明，"反映"是指历史的而非偶然的移植过程，是指艺术家运用材料的构思过程。在阿多诺和本杰明看来，驾驭材料技能的成熟，只能和生产力的发展以及统治意识形态对社会劳动分工的维护联系起来理解。[⑤]

---

① 《论瓦格纳》，第 159 页。
② 《论瓦格纳》，第 89 页。
③ 阿多诺《新音乐哲学》，德文版，第 145 页。
④ 《审美理论》（A. T.），第 213 页。
⑤ 参阅本杰明《技术复制时代的艺术作品》一文。

解构

阿多诺认为,形式的解体有极大的启发性。此外,形式的解体还使他保留了关于内容和形式的传统的分法,以适应论证的需要。形式的解体是对艺术肯定性本质的反动,是和表达能力的复兴联系在一起的。

形式的解体运动和形式与统一性的同化分庭抗礼。问题不在于形式概念的激烈对抗是否再次成为一种堕入与统一性相似的某种东西的方式,而是要理解"完美的形式"的观念和意识形态沆瀣一气的紧密联系:"形式的概念使艺术和生活这一无法解决的反题变得更加突出。而艺术在经验生活中的生存权利越来越不牢靠。"[①] 低估形式研究尤其是距离说的重要性,卢卡奇和布莱希特论战时即如此,由于忽视了这些关系的存在而流于保守主义,在理解形式革新的进步方面画地为牢。事实上,正是由于形式,艺术作品才成为批判的:形式在艺术作品中是证实"虚构"特征和人的产品的东西。它是作品内部各部分之间的中介,也是各部分与整体关系的中介。它否定了作品的直接性,确定了作品作为产品的身份,即不是"创造物",而是人的劳动的结果。然而,它的模棱两可的特性表明为什么它在某些方面是艺术作品的非道德性。它作为社会劳动的标志永远是拒绝的标志。构思形式必然伴之以选择、剔除以及在作品中对统治和暴行的有罪的特征的纯粹扬弃。但是,一旦形式的模糊性弄清楚了,就不能像社会主义现实主义的理论家们所做的那样,大哄大闹地反对形式主义,确切些说,反对关于形式的研究。

社会主义现实主义反对形式主义的行动,即卢卡奇经常参与的那类活动,其实是不懂得"形式是内容的积淀",[②] 对阿多诺来说,积淀就是我们前面提到的由统治自然的行为向作品的行为移植的结果之一。形式的解放是从内容那里解放出来的标志,可以说是从经验现实中解放出来的标志。正因为经验现实的特别有生命力的内容通过假和解的形式的图画,作为对异化和缓和矛盾的否定,再现在形式的解体中时,它才趋向于结构的分化。

---

① 《审美理论》(A.T.),第213页。
② 《审美理论》(A.T.),第217页。

因而"形式主义"对于传统的形式来说并非是一种保守的态度，恰恰相反，在形容语被当作侮辱的斯大林时期，它是一种激进地追求全新形式的尝试。极权制度谴责形式主义，它在形式主义那里看到一种在传统主义开辟的蹊径之外去寻找内容的方式。而传统主义却是统治意识形态所依傍的东西，虽然有时候后者会装出与前者有所区别的样子。阿多诺重新采用了将内容和形式相区别的传统方法。

虽然阿多诺认为这种区分不无学究气，但是在他的理论中起着决定性的作用。这种区分首先揭示出极权意识形态的一体化机制是怎样运转的。现代作品中，推动形式解体的力量在某种意义上也意味着作品的死亡（失去了传统承诺的"含义"），增加了作品的表现力，即对当前世界的残忍性和非人道的表现力。在阿多诺看来，指责当代作品晦涩难懂或荒诞——阿多诺经常引证贝克特的戏剧——是和小资产阶级的保守主义心心相印：要么维持形式—内容的二元性，要么用骗人的同一性将二者混合起来。在第一种情况下，内容的价值和它所表达的东西的价值是根据它是否适应作为参照标准的理想形式来评价的。在第二种情况下，人们仅仅得到的是一种空洞和无偿的游戏，"为艺术而艺术"是最好不过的例证。无论在哪种情况下，内容作为内容的表现力被否定了。同样，在历史演变内部发生的将内容和形式连接起来的真正关系也被否定了。因此，围绕内容和形式的言论成了意识形态推论的根据。阿多诺很明显是受了本杰明的影响，① 他从"材料"的概念中揭示了将艺术作品还原到生产关系中去的可能性："材料的选择、运用及使用的局限是生产的基本因素。"② 这种"材料"不是某种预定的东西：它只有在生产技术力量具备时才出现在艺术家面前："它是一步步变为历史的。"③ 一种材料预先形成的思想是与唯心主义的观点相吻合的，即使材料确实以这种形式出现在艺术家面前。很清楚，音调材料是一种传统的承续。在一种音乐创作中同时使用一种音调的材料和另一种无调性的材料是有害的，因为，人们对冲击的效果和各种混杂的历史性材料的混合体所产生的表现力，是参照昔日的禁忌来估价和感受的。对瓦格纳作品中

---

① 参阅本杰明《论布莱希特》"作为生产者的作家"章节。
② 参阅本书第五章第二节"形式与内容"部分。
③ 《审美理论》(A.T.)，第223页。

的不协和和音的分析已经说明,"瓦格纳的成果,事实上是通过间接地拓宽,而不是直接地抛弃音调性空间来改造音乐语汇的"。①

阿多诺的论证旨在说明,瓦格纳被资产阶级的价值观所束缚,他其实从来不想真正指责传统的保守主义。不协和和音的表现力并不是从本身获得,而是从协和和音的比较所产生的效果中提取:"……当不协和和音在成熟的作品中作为表现的施动者出现时,它的表现力的价值本身需要和完美的和弦相陪衬。所有的和弦本身是没有表现力的,只有和作为它们的节拍的协和音隐隐约约的比较,才具有表现力,即使协和音在那里保持沉默。"②

关于唯有最先锋派的作品才是真正现代作品的思想,首先不应该从"政治的"或意识形态的方面去理解,而应该参考产生作品的年代及当时的客观的技术状况去理解。从这方面来看,"先锋派"的思潮恢复材料的历史性的尝试,是对反动意识形态贬黜材料的反动。

否定

当"先锋派"作为对先前状况的批判而崛起时,它是具有揭露意识形态的能力的,是"政治的"。③ 这种情况只有从材料被当作历史的而不是"给定的"时刻开始才是可能的。超越传统材料和扩展它的使用可能性,一方面和1880—1920年汹涌而来的生产力的发展紧密相连,另一方面,清楚地反映了与先前状况不同的一种意识形态的断裂。不仅是意识形态的断裂,而且是和意识形态的决裂。传统材料的解体所积极参与的形式解构显得很有效应,因为它证明某些"秩序"(阿多诺喜欢用"整体"一词)与统治性政治的和意识形态的秩序同化而补救无望。唯有摧毁才能在揭露压迫性整体的神秘特征的同时让真实的内容显现。

现代艺术作品有摆脱意识形态的意图,其直接后果是再次对"含义"的怀疑。一旦艺术作品摆脱美学—神学的外在束缚,就会行使一种纯属本体论的批评,即对传统范畴的意义的批评。然而,体系的解构、外表和肯

---

① 《论瓦格纳》,第88页。
② 《论瓦格纳》,第88页。
③ 《审美理论》(A.T.),第223页。

定特征的摧毁并非绝对的否定。否定活动本身有了意义,尽管不是正面的肯定的意义。艺术作品不会堕入"什么也不想说"的沉默之中。它们和语言的相似性原封未动。担负着表达和揭露荒谬性的语言与传达传统的正面意义的语言毫无共同之处,承认这点就足够了。

阿多诺经常引证的贝克特的戏剧拥有这种否定的最高的"含义"。如果说现实地存在着返回实证性和理性复辟的危险,那它们一定是来自这种"完善"的解体。阿多诺引述了蒙太奇的技术、超现实主义和被称作"荒诞"文学的状况。所有反艺术的难点主要在于从材料的解体着手再造一种显而易见的意义。因此,对含义的批判要想彻底,只有变成作品死亡本身的表达——如《剧终》是灾难性结局的暗示——而同时也在不断否定的作用下成为可实现的可能性的表达:"如果像人们希望的那样,未来的艺术变成肯定性的东西,那么对现实的否定性能够持续的怀疑就变得很尖锐了。因为倒退是经常性的威胁,自由则是某种要摆脱一切占有欲的东西。"①

如果所涉及的真是革命,那么对阿多诺来说,这种革命只能是不断的。向传统意义上的和谐和"封闭的意识形态"倒退构成了艺术的原罪,这是艺术永远不能全部摆脱的,但是艺术有责任经常地与之作斗争;因此,特定的否定变成了真实性的标志。传统的和封闭的意识形态主张按照产生过它的单向性社会的方式,将反抗因素编入压迫性的与和谐的整体之中。形式的解构在揭露整体性的虚假性和神秘的特点的同时,正好产生如下效果:即把几百年的统治中丧失的活力重新给予上述的反抗因素。这是艺术和世界达到真正和解的唯一条件。

阿多诺把马尔库塞关于文学作品的论点普及到所有的艺术作品上。抛弃虚假的整体性意味着对所有压迫的合理性和整个行政管理制度一体化的组织结构的否定。② 从这方面来说,马尔库塞关于真正先锋的文学作品只是将中断的联系再联系起来的观点,与阿多诺置于形式方面的社会批评因素有异曲同工之妙,也与阿多诺抛弃作品和外在现实同构论的观点相互呼应。本杰明对达达主义的敬重,阿多诺对超现实主义第一阶段的兴趣和他对贝克特的爱好,以及马尔库塞的批评,在揭露虚假的联系和"忧患意识"的

---

① 《审美理论》(A.T.),第387页。
② 阿多诺《道德的最低限度》,苏尔康出版社1970年版,第55页。

观点上殊途同归:"词拒绝了句的理智的、统一的秩序。它使预定的意义结构破裂,而它本身变成了绝对的对象。它选定了一个令人难以忍受的领域,自我扰乱的领域,即一种不连贯。这一语言结构的破坏导致了对自然经验的破坏。"① 阿多诺的特定的否定原则和马尔库塞的否定原则可以这样去表达:艺术只有在自我否定时才能苟延性命,即艺术只有在摧毁所有可能恢复和解艺术与内容的美学秩序的形式时才能生存。这种"虚假"的和解也许就是"虚假的联系"。

第三节 否定的希望

特定的否定原则既不意味着过去艺术的消亡,也不意味着过去艺术的抛弃。过去艺术在过去是"真实的",但在今天注定要"隐居"起来。它决定了它的崇拜者们和毁坏者们之间的两极分化。唯有人性的解放才能在将来安详地复活过去世纪的文化遗产:"过去艺术作品中的真实,即已被历史长河否认的东西,只有在清算这种真实所依据的条件时过境迁时,才可能再现出来。"② 和解了的现实并不排斥过去的真实。对立面必然要导向不完善的和解,即与"开放的和多向的整体、与非整体的整体、与作为政治和技术专制的极权主义坟墓的非整体'相矛盾'"。③

再没有比非辩证的简单化的思想更危险的了。这种思想借口揭露极权的虚假性而本身就是以一种专横的方式进行推理的:"辩证思维试图用逻辑的方法打破逻辑的特点,但是在这样做的过程中,它经常也有失足的危险:理性的诡计总爱占辩证法的上风。"④

---

① 阿多诺《道德的最低限度》,苏尔康出版社 1970 年版,第 55 页。
② 《审美理论》(A. T.),第 68 页。
③ 柯斯达斯·艾克斯洛斯《一种研究的根据》,子夜出版社 1969 年版,第 111 页。
④ 阿多诺《道德的最低限度》,苏尔康出版社 1970 年版,第 98 页。

解脱的希望只有在个体意识到乌托邦的可能性时才能产生：只有在非极权的整体的合题中而不是在排斥中产生。

对审美价值的抛弃，就社会总倾向而言，对主体代表性的否定以及统治意识形态对审美激进主义的不信任都汇入了极权主义。

美学理论在"向真实的方向运动时"，也自我证实。如果"它拒绝履行它的义务：就会变成烹饪术"。正因为真实的因素是"艺术作品基本的东西"，艺术作品才参与到认识中来："一种艺术哲学的使命主要在于理解不可理解性……而不是过多地去澄清这种不可理解性。"假如不懂得作为内在规律的个性标明普遍性所确定的限制，普遍性就会成为艺术的坏表率。反之，如果人们感受到了二元性的非矛盾的特点，就可以把实践的真正因素还原给艺术。对自由社会的憧憬是个体意识的功能，奇怪的是，这种憧憬随着失望而增长。"伟大作品中令人安慰的东西，主要不是它们所表达出来的东西，而是成功地摆脱了存在的痛苦。正是在失望中，希望才更有活力。"①

本杰明和马尔库塞用很相似的语言表达了以上意思。他们两人，一个是为了躲避纳粹的野蛮行径，另一个是为了欢呼美国社会的反抗运动。这在当时还是有所期望的言论。《残生的反思》（1951）中不加批评地再次采用这种表达方式，这在20多年后，为《审美理论》奠定了基调。在这段时间内，没有任何根本的变化；反之，一切都越变越僵。与无情地卷进灾难中的世界的失败相对应的，是知识分子的失败。面对与日俱增的愚昧，知识分子退入自我，退回到主体性之中。

正如我们在前面已经指出的那样，《审美理论》重新关上了恰恰是半开半合的解放之门，用否定性与怀疑主义回答那些对未来尚抱有信心的人们。②

---

① 阿多诺《道德的最低限度》，苏尔康出版社1970年版，第299页。
② 阿多诺对当代艺术倾向是有保留的，特别是在音乐方面。人们在其最后的著作中（在不定型音乐方面），尤其可以感觉到这种保留的倾向。阿多诺指出："不定型的东西事实上是建成了的东西。"他强调了反形式主义经常遇到的矛盾。所有的艺术生产注定都要对象化。《审美理论》本来应该说明，这种必然性只在现状的范围内有价值。

小　结

　　从某种意义上来说，所有的结论都将我们与变化分割开来。鉴于这个理由，阿多诺拒绝人为地封闭暂时还超乎我们能力之外和属于乌托邦的东西。因此，要考察阿多诺思想超越的潜在性是徒劳的。在他的思想中，辩证法的辩证化给自己画地为牢。

　　全能的统治和无孔不入的压迫使冲突日益尖锐。它们极力想抹杀这些矛盾，但是实际上只能给这些矛盾套上虚伪的面纱或打上愚蠢的印记：体系中大开的缺口打碎了它那堂皇的连贯性，向我们暴露出了它的滑稽可笑。压迫本身，说到底还是向我们提供了它不是绝对的确证。阿多诺是不想承认这一点的。

　　一旦思想流于言语或形诸笔墨，重要的不是被归并，也不是为"回收"而悲伤，而是要懂得拒绝的含义，懂得"特定的否定"的意义既非起点，也非终点，而是辩证的过程。

　　但愿乌托邦（即"可能"）无论如何能够实现，让艺术像安托南·阿铎所说的那样，表现冲突的观念，或在我们身上种下永远冲突的观念，说这是不舒服的原因之一也不无道理，当今的"虚假意识"正是在其中苟延残喘。

阿多诺美学术语简释

自律或自主（Autonomie）：

阿多诺用艺术的自律指明艺术从神学、形而上学和文化功能中的解放。如果说唯心主义曾经赞同过这种"解放"，那么，它也强化了资产阶级引以为自豪的艺术的"夸张"特点。

这种"夸张"特点本身与艺术在世界上模棱两可的存在相关联，与它的"肯定性"和实证性相连。在这里，"肯定性"和"实证性"是一些批判的概念，它们揭露了参与意识形态体系维护和统治整个现实的特点。

谜语特点（Rätselcharakter）：

按照阿多诺的意思，所有的艺术作品，都难免经受所存在原因的考究。从如此提问的角度看，都具有谜语一样的特点。阿多诺明确地说："所有的艺术作品和一般所说的艺术都是谜语。"①

蠢人们对艺术作品发出的感叹，与其说面对的是非理性的、幻想的和表现的特点，毋宁说是面对严谨的形式结构："面对着为什么如此，面对着人们关于作品无实用性的指责，艺术作品无可救药地哑口无言。"② 理解作品的方法也有其含糊性，这种含糊性正是因为作品的谜语特点所确定。阿多诺把业余爱好者从外围"解释"和"理解"作品的态度与艺术家内在的经验相对立。表面上看，似乎唯有后者才是对作品真正的"理解"。但是，后者其实也没有摆脱难题，因为"内在的经验并没有超出谜语特点的理解的整体"。阿多诺认为即便内行里手也"经常受到谜语特点的威胁"。他补充说："谜语特点是否完全消失在经验之中，经验是否认为自己已经完全领会到了这个东西，致使这个谜语在刹那间得以豁然开朗。"他对此持怀疑态

---

① 《审美理论》（A. T.），第 182 页。
② 《审美理论》（A. T.），第 183 页。

度。在他看来,古代造型艺术作品"可靠"地保存了下来,而且被传统艺术用惯常的语言掩饰起来,然而,陈陈相因的艺术传承也难免被宰治机制及其话语体系回收,甚至完全被异化。①

反审美特点(Entkunstung):

反审美特点指明,艺术因适应交换社会而丧失了本来的审美特征。② 在《三棱镜》中,阿多诺第一次使用"反审美特点"这个词,揭露了爵士音乐所代表的许多现象:"给青年人提供了一种对审美升华和适应社会的调解。"艺术成了"消费的财富",也就是说,成了各种事物中的一种事物。它让人们把激情或拟态冲动抛射给它,因此"充当了心理的载体"。这样,艺术失去了自身存在的理由,完全汇入了文化产业的领地。

祛魅(désenchantement):

这个词是从马克斯·韦伯《学者政治家》一书中借来的概念。社会学家韦伯提出了以下问题:"几千年西方文明长河中经历的幻灭的进程,更广泛些讲,科学作为元素、作为动力所参与的'这种进步'是否具有纯实践和纯技术的意义?"

封闭圈(Geschlossenheit):

阿多诺使用的术语是"封闭的意识形态"(Idéogie der Geschlossenheit)。1a Geschlossenheit 描绘的是与意识形态体系密切相关的,密集到针插不进水泼不入的整体。③"封闭圈"是虚假的,因为整体、统一性、合理的和合逻辑的合题都是束缚人的、极权的,从而是虚假的。

阿多诺认为(一般所说的)现代艺术的真实性的标志,恰恰在于艺术在形式方面所作的解构或解体。真实性的标志和"一向如此"是敌对的。

当解体获得一个不变的位置时,辩证法就停止了。形式的"革命"的持久,只有这种持久本身没有被抬高到体系时才有可能。

拟态和拟态冲动(Mimésis et Mimetische Impulse):

阿多诺将拟态、拟态冲动与"既成之物"相对立,即与艺术作品中作

---

① 《审美理论》(A. T.),第189—190页。
② 阿多诺《三棱镜:文化批判和社会》(德文版),苏尔康出版社1969年版,第三版,第159页。亦见《审美理论》(A. T.),第32页。
③ 《审美理论》(A. T.),第235页。

为超俗的和精神通道的事实相对立。① 精神从形式方面表现出来。艺术中的拟态是前精神、精神的反面，反之，这也正是使精神闪光的东西。精神成了作品成形的原则。它的功能是超越既成之物，整编拟态冲动，避免这种冲动居高临下地对它发号施令。形式只能再追随特殊冲动，直到这种冲动想去之处。在这个过程中，或者说在这个范围内，形式是没有僵化的特殊冲动的活性因素，它的实现才使特殊冲动对象化。如此这般艺术，艺术如此这般……

拟态和既成之物之间的张力，或者说分歧从来没有解决，也许人们按照古典主义的标准称之为完全"成功"了的"臻于完善"的作品除外。张力沉没在整个外表和虚假的和解之中。在"真正的"作品中，分歧从未平息。在阿多诺看来，它构成了审美精神的原罪。②

外形（Schein）和外在特征（Scheincharakter）：

艺术表现了一种尚不存在的、幻想的和与经验现实相反的现实。统治意识形态玩弄着这种外在特征，即艺术的原罪，企图使这种外在特征成为避免艺术和世界和解的骗局。统治意识形态强化了这种"外形特征"，它不想知道实现乌托邦的可能性。

外形的危机（Krise des Scheins）：

艺术作品永远不能完全摆脱外形。所有突破外形的企图都以另一种形式复现了表现它与经验现实之间的距离的形式。外形控制了作品，虽然作品有时自认为不受限制。③

所有反对外形特征的暴动都有其模棱两可的特性，这就是使作品与经验现实区别开来，并且构成外在特征的东西。反抗外形的现象是从这种区别开始，同时又反对这种区别："艺术内在矛盾的原因是，艺术必须超越自己的概念以便实现自己的概念，与此同时，在它和现实事物相似之处，又不得不适应它所反对的物化。"

明显的特征（Selbstverständlichkeit）：

我们将这个词译为"明显的特征"。在《审美理论》的开始，阿多诺就

---

① 《审美理论》（A.T.），第180页。
② 《审美理论》（T.E.），第235页。
③ 《审美理论》（T.E.），第155页。

使用 Selbstverständlich 和 Selbstverständlichkeit 这两个词。开卷第一句话确定了艺术的现状，说明了一个非常显而易见的事实，即艺术不再是显而易见的了。现实世界趋向于将艺术编入意识形态体系，趋向于用商品特征取代纯艺术的特征。在这样的世界上，艺术实际上"不再是显而易见的了"。艺术失去"明显的特征"，这是它与自身概念相对立的后果之一，即艺术与它应该给予自身的夸张特点的概念相对立的后果之一。艺术和自身的斗争展示了唯一能使它奇特地收复"真正"自律的手段。

分隔艺术和经验世界的堑壕被文化产业人为地填平了。从这种意义上讲，艺术丧失了存在的权利和明显的特征。艺术作品被极度地物化或拜物化，它们获得了一种商品的位置或消费财富的位置。

精神化（Vergeistigung）：

阿多诺也讲"精神因素"。① "精神因素"一词是从黑格尔的辩证法中借来的。它不是艺术作品中的一种现成的"存有"，也不是静态的规定性，而是一种不断的变化。阿多诺指出："正如黑格尔指出的那样，艺术作品的精神编入了不断增长的精神化的过程，即意识的进展过程。"② 在现代艺术精神化中，阿多诺看到了艺术用形式对抗现实存在的方法。"凭着精神化，艺术才不再像学究式文化所希望的那样，不再被真、善、美堵塞。人们习惯上所说的艺术对社会批判或艺术的介入，是指艺术的批判的或否定的方面，其形式的原则统一于精神，一直到最深刻的各种因素。"③

行政化的世界（Die Verwaltete welt）：

如果说阿多诺确实有时也使用"行政化"（Die Administration）一词，那么，在他的著作中出现次数最多的还是"行政化的世界"。我们喜欢按字面来翻译，以便保留阿多诺术语的特色。"科层社会"（Société Bureaucratique）一词也是可以的，但是尚不能阐明"世界"以及"宇宙"的完整概念。

行政化的世界是晚期资本主义的发展趋向，也是意识形态推崇为可能达到的世界之最。批判理论承担起了人道主义的使命，它正是要调动一切

---

① 《审美理论》（A.T.），第141页。
② 《审美理论》（A.T.），第141页。
③ 《审美理论》（A.T.），第141页。

因素来延缓这种危及个体自主性的演变。

真实内容（Wahrheitsgehalt，即法语 Contenu de Vérité）：

阿多诺有意运用了 Gehalt 这个既指（与形式相对的）内容，又指一种东西及其名称的内在的价值的词语。

艺术作品的真实内容，尤其是过去作品的真实内容被一些错误解释的油彩遮盖了。这层油彩经历了几百年的积淀，促使人们将一般所说的艺术作品封闭在传统的美学领域中。

阿多诺用他的辩证的批判方法来确定作品的真实内容。而真实内容的规定性在于从意识形态的背后重新找出一种物质内容，找出其所具有的某种历史的、政治的和社会的现实性之间的巧合。这种现实性本身是和生产力和生产关系的某种状况相适应的。

参考书目[①]

Dialektik der Aufklärung—Philosophische Fragmente. —Amsterdam, Querido, 1957, en collaboration avec Max Horkheimer.

The Authoritarian Personality, T. W. Adorno, Else Frenkel – Brunswik, Daniel J. Levinson, R. Nevitt Sanford in collaboration with Betty Aron, Maria Hertz Levinson, William Morrow (New York, Harper & Brothers, XXXIII, Studies in Prejudice, Ed. by Max Horkheimer and Samuel H. Flowerman, Vol. I, 1950, réédition, 1964).

Prismen—Kulturkritik und Gesellschaft. (Francfort, Suhrkamp, 1955.)

Klangfiguren— Musikalische Schriften I. (Berlin et Francfort, Suhrkamp, 1959.)

Noten zur Literatur I. (Francfort, Suhrkamp, 1958.)

Philosophic der neuen Musik. (Francfort, Europäische, Verlagsanstalt, 1959.)

Dissonanzen—Musik in der verwalteten Welt. (Göttingen, Vandenhoeck & Ruprecht, 1963.)

Versitch iiber Wagner. (Munich – Zürich, Taschenausgabe Knaur, 1964.)

Noten zur Literatur III. (Francfort, Suhrkamp, 1965.)

Ohne Leitbild—Parva Aesthetica. (Francfort, Suhrkamp, 1967.)

Einleitung in die Musiksoziologie. (Hamburg, Rowohlt, 1968.)

Noten zur Literatur II. (Francfort, Suhrkamp, 1969.)

Aesthetische Theorie. (Francfort, Suhrkamp, 1970.)

Drei Studien zu Hegel. (Francfort, Suhrkamp, 1970.)

缩写：

A. E.：Aesthetische Theorie：le n° des pages renvoie à l'édition originale.

Ppa et Fe：respectivement Paralipomena et Frühe Einleitung, textes insérés dans l'édition de Aesthetische Theorie.

---

① 此部分参考书目照录原文。

P. N. M.：Philosophie de la nouvelle musique.

E. W.：Essai sur Wagner.

法文本：

Philosophie de la nouvelle musique. (Paris, Gallimard, 1962, traduction：Hans Hildenbrandt et Alex Lindenberg.)

Essai sur Wagner. (Paris, Gallimard, 1966, traduction：Hans Hildenbrandt et Alex Lindenberg.)

Musique de Cinéma. (Avec la collaboration de Hans Eisler, Paris, L'Arche, 1972, traduction J. – P. Hammer.)

Théorie esthétique. (Paris, Klincksieck, traduction：Bernard Bellot et Marc Jimenez.)

V. H. 101. Numéro spécial T. W. – Adorno (début 1973).

A consulter les articles remarquables parus dans：Musique en Jeu (Paris, éditions du Seuil, n°s 2 – 3 – 7.)

关于阿多诺的近作或批评理论（20世纪70年代初）：

ROHRMOSER, Günther. —Das Elend der kritischen Theorie (Rombach – Hochschule – Paperback, Friburg, 1970).

BEYER, Raimund. — Vier Kritiken：Heidegger, Sartre, Lukàcs (Kleine Bibliothek, Pahl – Rugenstein Verlag Cologne, 1970).

DAWYDOW Juri. —Die sich selbst negierende Dialektik Kritik der Musiktheorie Teodor Adornos. Zur Kritik der bürgerlichen Ideologie (Verlag – Marxistische Blätter, herausgegeben von Manfred Buhr. Frankfurt, 1971).

MASSING, Otwin. —Adorno und die Folgen (Luchterhand, Neuwied und Berlin, 1970).

SCHMIDT, Alfred. — Geschichte und Struktur (Karl Hanse Verlag, München, 1971) .

可以参考以下书目：

AXELOS, Kostas. —Arguments d'une recherche (Paris, éditions de Minuit, 1969, p. 108 et sq.).

Uber Theodor W. – Adorno. (Francfort, Suhrkamp, 1968, ouvrage collectif par Kurt Oppens. Hans Kudszus, Jürgen Habermas, Bernard Willms, H. Schweppenhäuser, U. Sonnenmann.)

GOLDMANN, Lucien. — 《La mort d'Adorno》(Paris, 《Quinzaine Littéraire》, 1969, n° 78, p. 26 et 27).

GOLDMANN, Lucien. —Marxisme et Sciences humaines (Paris, Gallimard, 1970,《Réflexions sur la pensée de Herbert Marcuse》).

WEIBEL, Luc. —《Horkheimer et la théorie critique》(Paris,《Quinzaine Littéraire》, 1969, n° 82, p. 22).

HABERMAS, Jürgen. —《Ein philosophierender Intellektueller. T. W. – Adorno zum 60. Geburtstag》. Frankfurter Allgemeine Zeitung du II –9 –63.

HORKHEIMER, Max. —《Jenseits der Fachwissenschaft. Adorno zum Geburtstag》, Frankfurter Rundschau du II –9 –63.

LEIBOWITZ, René. —《Der Komponist T. W. – Adorno》, dans Zeugnisse Frankfurt, 1963.

WERKMEISTER, O. K. –《Das Kunstwerk als Negation. Zur Kunst – theorie T. W. – Adorno》, Die neue Rundschau, 1962, n° 73.

无出版商的私人出版物：

HORKHEIMER, Max. —Anfänge der bürgerlichen Geschichtsphilosophie, 1930.

—Kritische Theorie der Gesellschaft (Band. I, II, III, IV).

Kritik und Interpretation der kritischen Theorie (über Adorno, Horkheimer, Marcuse, Benjamin, Habermas).

其他外文课本：

Versuch über Wagner. (Einaudi, 1966.)

Negative Dialektik. (Emaudi, 1970.)

Minima Moralia. (Einaudi, 1954.)

Mahler. (Emaudi, 1966.)

Einleitung in die Musiksoziologie. (Einaudi, 1966.)

Drei Studien zu Hegel. (Il Mulino, 1971.)

Dialektik der Aufklärung. (Einaudi, 1971.)

西班牙：

Pnsmen. (Afiel, 1962.)

Noten zur Literatur I. (Ariel, 1962.)

Moments Musicaux. (Tusquets, 1970.)

Kierkegaard. (Monte Avila, 1971.)

Jargon der Eigentlichkeit. (Taurus, 1971.)

Eingriffe. (Monte Avila, 1969.)

Drei Studien zu Hegel. (Taurus, 1969.)

日文：

Stichworte. (Hosei University Press, 1971.)

Moments Musicaux. (Hakasuiska, 1969.)

Einleitung in die Musiksoziologic. (Ongaku – No – Tomo – Sha, 1970.)

Eingriffe. (Hosei University Press, 1971.)

Drei Studien zu Hegel. (Gendai Shicho Sha, 1968.)

英文：

Prismen. (Neville Spearman, 1967.)

荷兰：

Minima Moralia. (Het Spectrum N. V., 1971.)

Erziehung zur Mündigkeit. (Het Spectrum N. V. 1971.)

简单书目：

AXELOS, Kostas. —Arguments d'une recherche. Paris, éditions de Minuit, 1969.

BABLET, Denis et JACQUOT, Jean. —L'Expressionisme dans le théâtre européen. éditions du C. N. R. S., Paris, 1971.

BECKETT, Samuel. —En Attendant Godot. Fin de Partie. Paris, éditions de Minuit, 1971.

BECKETT, Samuel. —Paroles et Musiques. Comédie. Dis Joe. Paris, Aubier. Flammarion. Bilingue, 1972.

BENJAMIN, Walter. —Illuminationen. Ausgewählte Schriften. Frankfurt. Suhrkamp, 1961.

—Mythe et Violence I. Paris, éditions Denoël. Traduction Maurice de Gandillac, 1971.

—Poésie et Révolution II (idem).

—Essais sur Berthold Brecht. Paris, Maspéro, 1969.

BLOCH, Ernst. — Traces. Paris, N. R. F., Gallimard. Traduction Quillet et Hidenbrandt, 1968.

BOULEZ, Pierre. —Penser la musique aujourd'hui. Gonthier. Médiations, 1963.

BRECHT. Bertold. —écrits sur la littérature et l'art I. Paris, L'Arche, 1970.

DORT. Bernard. —Théâtre réel, 1967 - 1970. Paris, éditions du Seuil, 1971.

DUBUFFET, Jean. —Asphyxiante culture. Paris, J. - J. Pauvert, 1968.

ESSLIN. Martm. —Bertold Brecht. Un. Gén. d'éd. 10/18, 1971.

FREUD, Sigmund. — Totem et Tabou. Paris, Payot, 1965.

GAUTHIER, Xaviére—Surréalisme et Sexualité. Paris, Gallimard, Idées, 1971.

HABERMAS Jürgen. —Antworten auf Herbert Marcuse. Frankfurt. Suhrkamp, 1968.

HORKHEIMER, Max. —Kritische Theorie. Francfort, Fischer - Verlag, 1969, 2 vol.

HORNEY, Karen. —La Personnalité névrotique de notre, temps. Paris, l'Arche, 1933.

KLEE, Paul—Théorie de l'art moderne. Gonthier, Médiations, 1971.

LUKACS, Georges. —Brève histoire de la littérature allemande. Paris, Nagel, 1949.

—Histoire et Conscience de classe. Paris, éditions de Minuit, 1960, trad. Axelos et Bois.

MARCUSE. Herbert. —L'Homme unidimensionnel. Paris, éditions de Minuit, 1970.

—éros et Civilisation. Paris, éditions de Minuit, 1971.

—La Fin de l'Utopie. Seuil, 1968.

—Raison et Révolution. Paris, éditions de Minuit. 1968.

— Vers la libération. Paris, éditions de Minuit, 1969.

—Culture et Société. Paris, éditions de Minuit, 1970.

PALMIER, Jean - Michel. —Sur Marcuse. Paris, Union Générale d'éditions, 1968.

— Wilhelm Reich. Paris, Union Générale d'éditions, 1969.

REICH, Wilhelm. —Psychologie de masse du fascisme. Paris, Payot, 1972.

—La fonction de l'orgasme. Paris, L'Arche, 1952.

STRAVINSKY, Igor. —Chroniques de ma vie. Paris, Denœl - Gonthier, 1962.

XENAKIS. Iannis. - Musique Architecture. Paris, Casterman, 1971.

译后语

　　阿多诺是法兰克福学派杰出的哲学家，也是西方世界剖析现代性颇具功力的思想家。他以深邃的眼光、犀利的笔锋、不同凡响的理路，入木三分地揭示了人、艺术、科技、意识形态与社会之间的复杂的联系。在西方马克思主义学者当中，他是首屈一指的理论家。在美学方面，如果要找寻一位可与海德格尔、伽达默尔抗衡的思想家，非阿多诺莫属。

　　阿多诺有自己的弱点，毕生只看好理论探索，甚至认为批评理论胜于实践，批评理论就是实践，而且是比实践副作用小得多的实践。他在辩证法中只取否定性的一面，将社会现实包括意识形态完全置于否定的一极，通通看作是异化势力一体化的机制。悲观主义的色彩笼罩着他的所有著述。不可否认，他这种深沉的危机意识，有其所产生的灾难性的历史背景，因而字里行间处处见出关切当今世界人类命运的人道主义深衷。他用反体系和反总体性的思维方式以及激进的后现代主义艺术观，对抗理智的诡计和意识形态的宰治，展示给读者的是思想遁逸的智慧和精神解放的执着……这些特点，构成了其独具一格的反异化的审美理论。就此而论，阿多诺的思想可谓前无古人，将之与康德、黑格尔的美学列在一起也毫不逊色。

　　可以说，阿多诺是文明机体中"树突状免疫细胞"，其孜孜矻矻的运思，消除的是人类心理的精神病毒，清理的是社会腐败所产生的文化垃圾。他是一切恶势力恨之入骨的眼中钉，因为其否定性辩证法让欺诈性学说无所遁形。他那种如学术碎片般的理论，我称之为"阿多诺碎片"，其体于无藏于虚的特点别有深意。或许，这些类如自戕的散状理论也会被宰治势力和金钱魔力吞噬，然而，任何腐恶力量要想将之消化和一举泯灭谈何容易。无论什么魑魅魍魉，吞下"阿多诺碎片"是会肚子疼的，一如孙悟空进入铁扇公主腹内，自然会产生反拨效应，或曰抵抗运动。"阿多诺碎片"之为碎片，当然是因人类之敌所致。但是，阿多诺的伟大，并不因甘为碎片就渺小。他有普罗米修斯的壮烈，又有避开束缚的智慧。在这个意义上，可以说他的思想像焰火，横空出世，照亮了黑暗的世界，哪怕是顷刻间之一刹那，也以其凌厉且深邃的精神，给人类释放出了真正称得上无私无畏的学术品质。

碎片，焰火，是阿多诺的象征。其中传达出的是"宁为玉碎，不为瓦全"的精神气质，展露的是直击黑暗并且去除美学粉饰的才识胆力。这也是我们一直努力从阿多诺学说中发掘的非美学特点。从这个角度领略阿多诺的碎片思想和焰火品格，应该赞赏的不仅是其为了抵制宰治机制整合的划时代意义，或阻断拜金主义腐蚀的本真价值，而且还有那种在解放他者的战场上用命的勇敢，甘愿向去己的世界回归的果决。他自然也在发一点热，投一束光，但是其本意，绝不像有些所谓"圣人"或"高人"那样，一心想占据某种"光明"或"伟大"的位置，而是带着善良且谦卑的心灵，潜入社会的深层，为这个绝望的世界积累希望。

在一个并不美妙的全球化的世界中，批判理论远未过时。社会宰治的高科技化，商品文化的无孔不入，生态破坏的不可逆转，凡此种种，都让人想起阿多诺在剑指文明机制总体时所发出的警告——"整体是虚假的"。可以断言，人类世界的前景越是暗淡，他的思想将越为人们所重视。

这本书的作者是马克·杰木乃兹（Marc Jimenez）先生。他曾担任法国国家社会科学研究中心的研究员，并在巴黎第一大学执教，直至退休。这本阿多诺审美思想研究虽篇幅不大，却称得上是解读阿氏学说的力作。它把哑谜一般晦涩的阿多诺艺术理论，提纲挈领地介绍给对阿氏思想望而生畏的读者，讲要义深入浅出，辟节点切中肯綮，因而深受欧洲学界喜爱。该书自 1973 年问世以来，已被译成了西班牙文、葡萄牙文、意大利文、英文等多种文字，被西方专家们列为阿多诺研究的不可或缺的书籍之一。

马克·杰木乃兹先生是真正的哲学家。他治学严谨，而且非常勤奋。从 19 世纪 70 年代以来，他有一系列美学著作问世。其中《阿多诺与现代性：通向否定的美学》堪称关于法兰克福学派研究的百科全书式的著作。在本书的法文版扉页上，杰木乃兹注明将此书献给他的导师——法国的著名美学家奥里维耶·莱抚·达隆先生（Olivier Revault d'Alonnes）。

奥里维耶·莱抚·达隆先生也是我攻读国家博士学位时的首席导师，他的《艺术创造与自由的许诺》足以不朽。而更让我敬仰的是他在人文群科诸多领域之间的淹博，在两希文化、欧洲宗教与民俗以及音乐方面的深厚造诣。马克·杰木乃兹也是我读博士时的导师组成员之一，还有一位导师，吉贝尔·拉斯库（Gilbert Lascault）教授，他是文艺理论家、文史专家。他与奥里维耶·莱抚·达隆先生一样，著述不算丰富，但是学识如同江河。这是索邦第一大学人文科学博士点导师组最引人注目的特点，即以渊深广博著称，而非以著作等身取胜。

　　我和爱人关宝艳庆幸在那样一个学术氛围中度过了11年美好的时光。那是西方哲学的澳府，也是人文思想的智库；那是锻炼思维的作坊，也是涵养心性的殿堂。我们之所以选择翻译这本书，不仅是为了把杰木乃兹关于阿多诺理论的精到理解介绍给中文读者，也是为了缅怀在索邦第一大学哲学系读书的那段岁月，为了感激那样一个几乎很难找出学术腐败的教授群体，那样一种师生间如饮甘泉也如品咖啡的深厚情谊。

译　者
2017年3月9日
于广州白云山麓